☞ 희극과 격언 1

☞ 에릭 로메르

☞ 길경선 옮김

☞ 비행사의 아내

☞ 아름다운 결혼

☞ 해변의 폴린

K.B044219

Comédies et proverbes 1

© Cahiers du Cinéma 1999
Korean translation © jjokkpress 2020

This Edition published by jjokkpress
under licence from Cahiers du Cinéma
SARL. through AMO Agency, Korea.

Comédies et proverbes

1

ÉRIC ROHMER

에릭 로메르

Éric Rohmer(1920·3·21 ~ 2010·1·11)
본명은 장 마리 모리스 셰레(Jean Marie
Maurice Schérer). 프랑스의 영화감독인
에릭 로메르는 비평가이자 소설가,
교사이기도 했다. 에릭 로메르라는 이름은
영화감독 에리히 폰 슈트로하임과 작가
삭스 로메르에게서 따왔다. 프랑스의
영화운동 누벨바그를 이끈 기수이면서도
감독 명성은 비교적 뒤늦게 얻었으며,
1956년에서 1963년까지 영화비평지
《카이에뒤시네마》의 편집장으로
활약했다. 오랜 시간에 걸쳐 발표한
'도덕 이야기', '희극과 격언' 그리고
'사계절 이야기' 연작은 동일한 주제에
대한 로메르의 변주 능력을 유감없이
드러낸다. 꾸밈없는 일상의 성실한
기록과 통찰은 인물의 마음속에 자리한
모험심을 길어 올리며, 이들의 대사 한마디
한마디에서 그날의 날씨와 분위기가
전해진다. 에릭 로메르는 '희극과 격언'에
속하는 「해변의 폴린」으로 1983년
베니스영화제 은곰상을, 「녹색 광선」으로
1986년 황금사자상을, '사계절 이야기'에
속하는 「겨울 이야기」로 1992년
베를린영화제 국제비평가협회상을,
「가을 이야기」로 1998년 베니스영화제
각본상을 수상하였다. 2010년 1월의
어느 아침, 눈을 감은 뒤 몽파르나스
묘지에 묻혔다.

옮긴이 길경선

서울대학교 불어불문학과와 같은
대학원을 졸업했다. 이후 이화여자대학교
통번역대학원 한불과에서 수학하고,
통번역사로 지낸다. 옮긴 책으로
에릭 로메르의 『사계절 이야기』,
기 드 모파상의 『밤: 악몽』, 『시몬 베유의
나의 투쟁』(공역), 『페멘 선언』 등이 있다.

La Femme de l'aviateur 7
비행사의 아내

Le Beau mariage 79
아름다운 결혼

Pauline à la plage 145
해변의 폴린

La Femme
de l'aviateur

비행사의 아내

개봉 ☞ 1981년 3월 4일
러닝타임 ☞ 1시간 44분

프랑수아 ☞ 필리프 마를로
안 ☞ 마리 리비에르
뤼시 ☞ 안로르 뫼리
크리스티앙 ☞ 마티외 카리에르
프랑수아의 친구 ☞ 필리프 카루아
안의 동료 ☞ 코랄리 클레망
안의 친구 ☞ 리자 에레디아
금발 여자 ☞ 아이데 카요
관광객 ☞ 마리 스테판, 닐 찬
관리인 ☞ 로제트
메르시야 ☞ 파브리스 루치니

영상 ☞ 베르나르 뤼티크
영상보조 ☞ 로맹 윈딩
음향 ☞ 조르주 프라트
음향보조 ☞ 제라르 르카
사운드믹싱 ☞ 도미니크 엔캥
편집 ☞ 세실 드퀴지
현장진행 ☞ 에르베 그랑사르
제작사 ☞ 레필름뒤로장주

"아무것도 생각하지
않을 수는 없다."

동역 우편물 분류 센터, 아침 6시.
사람들이 우편 행낭을 끌고 있다.
우편물을 분류하는 사람들
중에는 프랑수아가 있다.
잠시 뒤 프랑수아는
세면대에서 손을 씻는다.
그의 동료가 다가온다.

동료
안녕, 프랑수아!

프랑수아
안녕!

동료
네가 필요하다던
수리공을 구했어.

프랑수아
정말? 고마워!

동료
주머니에서 작은 수첩을 꺼내며
주소 좀 알려줘…

프랑수아
이름은 안 쿠드리에르,
주소는 17구 렝캥 거리
56번지야. 페레르 거리에서
가까워. 언제 올 수 있대?

동료
내일.

프랑수아
내일? 그 이후엔 안 돼?

동료
그 이후엔 8월 말까지
바쁜 모양이야. 그리고
토요일밖에 안 된다네.

프랑수아
내일은 내 여자친구가
어머니 댁에 갈 텐데…

동료
그럼 부를 거야, 말 거야?
어쨌든 2시 전에는 나한테
확답을 줘야 해.

프랑수아
연락을 해보긴 할 건데
연락 닿기가 쉽진 않을 거야.

집에 전화기도 없고 사무실로도
전화를 걸 수가 없거든.
아, 그럼 집으로 찾아가서
내가 다시 연락하겠다고
쪽지를 남겨야겠다. 그게 제일
간단하겠어. 너 혹시 종이 있어?

동료
주머니에서 전단지를 꺼내며
자, 여기.

프랑수아
고마워.

동료
그럼 1시 45분에 베르뇌 거리
출구 쪽에 있는 역
간이식당에서 보자고.

프랑수아
좋아.

동료
괜찮아? 늦어도 2시까진
꼭 와야 해. 간다!

프랑수아
고마워. 잘 가!

___

지하철, 6시 30분.
프랑수아는 지하철 입구로 내려간다.
열차에 탄 프랑수아는 하품을 한다.

___

페레르 광장, 7시.
프랑수아가 지하철 출구로 나온다.
곧게 난 거리를 걷다가 옆길로 꺾는다.
한 건물 안으로 들어간다.

___

안이 사는 건물.
프랑수아는 계단을 올라 7층으로
간다. 그는 '안 쿠드리에르'라는 이름이
적힌 종이가 꽂혀 있는 문 앞에서
멈춘다. 프랑수아는 주머니에서
전단지와 볼펜을 꺼내 글씨를 적기
위해 벽에 종이를 갖다 댄다. 하지만
잉크가 다 되었는지 볼펜이 나오지
않는다. 볼펜을 흔들고, 치고, 종이 위에
이리저리 굴려보지만 소용이 없다.
그는 쓰기를 포기한다. 체념한
프랑수아는 볼펜과 종이를 다시
주머니에 넣고 계단을 내려간다.

___

렌캉 거리, 7시 15분.
밖으로 나온 프랑수아가 길을
꺾자마자 그곳에 택시 한 대가
도착한다. 30대 남자가 택시에서
내리더니 조금 전 프랑수아가
나온 건물로 들어간다.

___

안이 사는 건물.
그는 계단을 올라 안의 방문 앞으로
간다. 직전에 왔던 프랑수아보다

사정이 나은 그는 가방에서 메모장과
멋진 만년필을 꺼내더니 망설임 없이
메모를 써내려 간다.

"로댕 호텔로 전화 줘. 361-65-15.
―크리스티앙."

그는 메모를 뜯어 문 아래로
밀어 넣는데, 잘 들어가지 않아
약간의 소리가 난다.

안의 방.
그 소리에 안이 깨어난다. 침대에서
벌떡 일어난 그녀는 쪽지를 집어서
읽더니 문에 대고 소리친다.

안
크리스티앙!

크리스티앙
응!

안
잠깐만. 문 열어줄게!
안은 서둘러 커튼을 걷고 창문을
연 뒤 조그만 욕실로 간다.
덜덜대는 수도를 틀어 컵에 물을
받은 뒤, 한 모금 마시더니
반은 다시 뱉어낸다. 그러고는
문 앞으로 가 문을 연다.
안녕. 들어와. 무슨 일이야?

크리스티앙은 들어오며
안의 머리에 짧게 입 맞춘다.

크리스티앙
미안해. 깨울 생각은 없었는데.

다시 문을 닫은 안은 지금 상황이
궁금한 듯 손잡이를 잡고 그대로
서 있다. 방 안으로 들어온
크리스티앙은 안을 향해 몸을 돌린다.

나 오늘 파리에 있어.
그리고 앞으로 한 달간은
돌아오지 않을 거야. 어쩌면
두 달이 될지도 모르고…
당신한테 편지를 쓰려고 했는데
쉽지 않더라… 그래… 그냥
바로 말할게. 내가 돌아오긴
하겠지만 앞으론 우리 만나기
어려울 거야. 볼 수 있다
하더라도 내가 그러고 싶지
않을 거고. 당신 역시 그럴
거야… 아내가 파리로 이사를
오게 됐어. 그리고 또…

안
그리고 또?

크리스티앙
아내가 임신을 했어.
난 그녀 곁에 있기로 결심했고.
아내는 날 사랑하고
나도 아내를 사랑해.

안
그래, 축하해.
안은 욕실로 향한다.

크리스티앙
당신한테 이런 식으로
얘기하고 싶지 않았는데…

안
그의 말을 자르며
괜찮아. 난 옷을 좀 입어야겠어.
추우면 창문 닫아도 돼.
안은 욕실로 들어간다.

카페, 7시 30분.
프랑수아는 볼펜과 엽서 한 장을 산다.
그는 테이블에 앉아 엽서에
글을 쓰려다 그대로 잠이 든다.

안의 방.
안은 욕실에서 나온다.

안
앉아!
안은 창문을 닫으러 간다.
나 추운데.
문 좀 닫지 그랬어.

크리스티앙
금방 따뜻해질 거야.
벽에 붙은 어린아이의 그림을
들여다보며
이거 네가 그린 거야?

안
아니. 조카 그림이야.

크리스티앙
그래? 난 네가 어렸을 때 그린
그림인 줄 알았어.

안
그것들은 오래전에 다 없어졌지.
벽에 뭘 걸어둘지 몰라서 그냥
붙여둔 거야. 앉으라니까!

크리스티앙
아니, 난 바로 가봐야 해.
이따 점심때 보자.

안
점심엔 안 돼. 미용실 예약을
해뒀어… 그냥 여기 있어. 시간
되면 날 사무실까지 데려다줘…
안은 옷장으로 간다.
밖은 추워?

크리스티앙
따뜻해질 거야. 오후 늦게 비가
좀 오고 나면 날이 맑을 거고.

안
확실해?

크리스티앙
날씨는 확실한데,
비가 올 확률은 50퍼센트야.

안은 옷장의 선반을 뒤적여 얇은
니트를 집었다 다시 제자리에 둔다.

안
아침은 먹었어?

크리스티앙
일어나려고 하면서
아니. 내가 커피를 좀 내릴까?

안
아냐. 그냥 앉아 있어.
내가 할게.
안은 욕실로 가서 전기주전자에
물을 받는다. 수도가 덜덜거리는 것을
막아보려 하지만 소용없다.

아! 이 망할 수도!

크리스티앙
배관공을 불러야겠네.
파이프가 다 망가졌잖아.

안
그를 밀어내며
알아, 나도 안다고. 거기
그러고 있지 마. 도움은커녕
걸리적거리니까.
좀 앉아 있으라고.

크리스티앙
얘기 좀 할까?

안
아니.

크리스티앙
아무래도 내가 가는 게 낫겠어.

안
아니. 그냥 있어.

크리스티앙
안을 가까이 안으며
안! 마지막으로 키스하고 싶어.

안
그게 무슨 소용이야?

크리스티앙
이런 식으로 헤어지긴 싫어.

안
당신은 이미 날 떠났어.
안은 크리스티앙을 밀어낸다.

크리스티앙
나 원망해?

안
그래.
안은 웃는다.
아니야! 당신이 원하는 사람을
사랑할 권리가 있으니까.
굳이 이렇게 찾아올 필요도
없었어.

크리스티앙
차라리 편지를 쓰는 게
나았을까?

안
아니.

크리스티앙
그럼 그냥 아무 말 없이
떠났어야 했나?

안
당신을 떠난 건 오히려 나일걸.
난 당신이 그렇게 그립지
않았어. 휴가도 아주 즐겁게
보냈지.

크리스티앙
누구랑 보냈는데?

안
당신은 누군지 몰라.
아주 잘생긴 남자야. 우린
서로 사랑해. 당신이 잘돼서
너무 기뻐. 정말이야.
안은 크리스티앙을 바짝 껴안는다.
이렇게 나한테 인사하러
와줘서 정말 고마워.
심지어 아침 7시에 말야.

크리스티앙
난 그냥 문 아래에 쪽지를
두고 가려고 했어. 사무실로
전화하는 건 네가 싫어하니까.

안이 크리스티앙의 뺨에 입 맞춘다.
그는 안을 품에 안는다.
두 사람은 잠시 그렇게 껴안는다.

안
친구를 다시 만나는 건
늘 즐거운 일이지.

안은 크리스티앙에게 머리를 기댄다.
그는 그런 그녀의 등을 부드럽게
어루만진다.

크리스티앙
떨고 있네. 추워?

안
응. 창문을 좀 닫지 그랬어.

크리스티앙
미안해. 내 잘못이야.
크리스티앙은 안의 머리카락을
어루만진다.

안
됐어. 이러지 마!
안은 그의 품에서 빠져나간다.

크리스티앙
안?

안
응.

크리스티앙
내가 여전히 사랑하는 거 알지.

안
그럼 멀리서 사랑해.

크리스티앙
바로 그러려는 거야.

안
나도 마찬가지야. 사랑하는
사람과 항상 같이 있을 필요
없어. 진심으로 하는 얘기야.
그를 밀어내며
거기 그러고 있지 말라니까.

거슬린다고!
그에게 쟁반을 내밀며
정 그러면 이거라도 가져가던지.

크리스티앙은 쟁반을 가져다 두고
의자에 앉는다.

크리스티앙
이 집이 참 좋아.
주방이 없는 게 아쉽긴 하지만.

안
주방이 내게 무슨 소용이야?
점심은 늘 시내에서 먹고
저녁엔 보통 외출을 하는데, 뭐.
외출을 안 할 땐 그냥 자거나
간단히 먹고.

카페 그리고 거리, 8시 15분.
프랑수아는 잠에서 깨어난다.
계산을 하고 밖으로 나온다. 그는 안의
집 쪽으로 걸어간다. 그러다 갑자기
걸음을 멈춘다. 안과 크리스티앙이
건물에서 나온다. 두 사람은 길을 따라
멀어진다. 프랑수아는 그들의 모습이
보이지 않을 때까지 쳐다본다.
그는 당황하여 잠시 그대로 굳어
있다가 오던 길로 다시 돌아간다.

생미셸 역, 생제르맹 거리,
프랑수아의 방, 9시.

프랑수아는 지하철역 밖으로
나온다. 그의 집은 역 바로 근처다.
그 역시 꼭대기 층 쪽방에 사는데
방은 더 작다. 창문에서 쭉 뻗은
거리가 내려다보인다. 프랑수아는
들어오자마자 휘파람을 불면서
침대보를 걷더니 알람을 맞춘다.

안의 사무실, 10시.
안은 서류 정리함들을 뒤지며
문서를 찾고 있다. 동료는 옆에서
타자기를 치는 중이다.

동료
안, 짜증내지 말고
차분히 좀 해. 찾아질 거야.

안
아냐. 지금 못 찾으면
영원히 못 찾는 거라고.
문서를 바라보며
아냐, 이것도 아닌데!

동료
글쎄… 다시 한번 찾아봐. 좀
체계적으로 다시 살펴보라니까.

안
벌써 다 찾아봤어. 진짜야!

생제르맹 거리.
프랑수아는 공중전화 박스로 간다.

다른 사람이 이미 전화를 쓰고 있다.
그는 초조하게 자기 차례를 기다린다.

안의 사무실.

안
뭐라고? 717?
좋아, 같이 한번 보자고.
이 번호 확실한 거지?

동료
717, 응 맞아.

전화벨이 울린다.

안
잠깐만…

동료가 전화를 받는다.

동료
여보세요? 네… 잠시만요.
안, 네 전화야.

안
누군데?

동료
실례지만 누구시죠? …
안에게
프랑수아래.

안
아, 그냥 끊어. 끊어버리라니까.
나 회의 중이라고 해.

동료
죄송한데, 지금 안이
회의 중이라서요…
오래 걸리냐고요? …그게…

안
그냥 끊어버리라니까 그러네!

동료는 수화기를 내려놓는다.

안
걔랑 말하고 싶지 않아.
지겨워, 정말! 우리 방금
어디까지 얘기했지?

동료
그러니까 내가 연필로 써뒀어.
분홍색 문서철 안에 넣어두라고.
그런데 분홍색 문서철은
이것뿐이잖아.

안
그러게. 이것밖에 없네.
아, 정말 돌겠다. 휴가만
다녀오면 늘 이렇다니까.
죄다 뒤죽박죽이 된다고.
아무리 그래도 휴지통에
넣진 않았을 거 아냐.
정말 말도 안 돼!

다시 전화벨이 울린다.
동료가 전화를 받는다.

동료
네…

안에게
프랑수아야!

안
끊어버려!
말했잖아, 지겹다고!

동료는 망설인다. 안이 수화기를
채가더니 거칠게 끊어버린다.

동료
바보 같은 짓이야.
또 전화할 텐데.

생제르맹 거리.
프랑수아는 공중전화 박스에서
동전을 다시 넣을지 고민하다 결국
밖으로 나온다.

레스토랑, 샤요 거리.
안은 그녀와 같은 회사에 다니지만
다른 부서에서 일하는 친구 실비와
점심을 먹으러 간다. 두 사람은 식당에
들어가 자리를 찾는다.

안
어머, 사람이 많네! 어쨌든 난
30분에는 일어나야 해.
미용실에 예약을 해뒀거든.

실비
아, 사람들 일어난다. 저기!

안은 거울을 바라본다.

안
도대체 내 머리는
왜 이 모양인 거야…

테이블이 비었다.
두 사람은 자리에 앉는다.

안
종업원을 부르며
여기요!
실비에게
네가 좀 불러봐.
난 포기.

실비
불러봐야 소용없어.

안
확신 없이
여기요!

종업원
네, 금방 갈게요.

안
실비에게
오늘은 시간이 어떻게
가는지 모르겠어.

실비
너 오늘 날이 좀 선 것 같다.

안
나 피곤해 보여?

실비
아니. 오히려 푹 쉰 것 같아.

안
참 이상하네. 잠을 그렇게
못 잤는데 푹 쉰 것처럼
보인다니. 어쨌든
잠을 잘 못 잔 건 아니야.
그건 아니었지…
아까 누가 찾아왔는지 알아?

실비
아까 언제?

종업원이 테이블로 다가온다.

안
재빠르게
그뤼예르치즈 샌드위치 하나
주세요. 넌 뭐 먹을래?

실비
전 크로크무슈 주세요.
그리고 샐러드도요. 샐러드는…
실비는 메뉴판을 집는다.

안
메뉴판을 읽지도 않고, 실비에게
그린샐러드 먹어.
그거 맛있더라.

실비
아냐, 안 먹어도 될 것 같아.
종업원에게
그냥 크로크무슈 주세요.

안
마실 건? 커피 괜찮지?
종업원에게
저희 커피 두 잔도 같이
주시겠어요? 그리고
샌드위치부터 먼저 주실 수
있나요? 크로크무슈는 좀
늦게 주셔도 괜찮아요.

실비
그런 말은 왜 해!

안
뭐, 어때! 그래 봤자 어차피
똑같이 갖다줄 게 뻔한데.

실비
그러니까! 굳이 그런 말
할 필요 없잖아.

안
혹시 모르잖아…
그리고 그 말이라도 해야 내가
안심이 될 것 같아서.
그건 그렇고 오늘 아침 7시에
누가 찾아왔는지 맞혀봐.

실비
7시에? 어디로? 너희 집에?

안
응.

실비
누군데?

안
과거에서 온 유령.

실비
크리스티앙?

안
응.

실비
오기로 했었어?

안
아니. 그건 아니었어.
그 사람이 찾아와서 문 밑으로
쪽지를 밀어 넣었는데,
그 소리에 내가 깬 거야.

실비
여기 오랫동안 있을 거래?

안
아니. 그 사람은 오늘
오후에 다시 떠날 거야.
한 달 뒤에 돌아온대.
그리고 파리로 완전히
이사를 온다더라.

실비
정말? 너 무척 기쁘겠다.
봐, 넌 괜한 걱정을 한 거야.

안
그 반대야. 내가 맞았어.
아내가 와서 같이 살 거래.

실비
와서 감시하겠다는 거네!

안
잘못 짚었어. 크리스티앙이
자기 아내랑 살겠대. 아내가
임신을 했나 봐. 그러면서
나더러 이해해달래. 부부간의
의리니 사랑이니 하면서…
뭐, 잘됐어. 그를 더는
사랑하지 않으니까. 사랑한 적
없었는지도 몰라.

실비
뭐, 그럼 다 잘된 거네.
슬프지 않은 거지?

안
아침에 그 사람의 단호한
태도를 보다가 거의 울 뻔했어.
심지어 기뻐 보이더라니까.
나 역시 기뻤어. 속이 후련했지.

실비
난 늘 네가 그 사람을
사랑한다고 생각했는데.

안
그랬지. 이제는 아니야.
기껏 엽서 두 장 보내놓고
세 달 동안 아무 연락도 없이
사라지는 사람을 사랑할
순 없는 거니까. 어쨌든 내
타입은 아니야. 있지, 난

LA FEMME DE L'AVIATEUR

19

슬프지 않아. 오히려 우울해.
그게 더 심각한 거지. 남자들이
변하는 걸 지켜보는 게…
물론 나도 변하지만. 우린
누군가에게 빠졌다가, 한동안
만나지 않다가, 결국은
남이 되지. 한 번도 만난 적 없는
사람들처럼.

실비
넌 너무 푹 빠지잖아.

안
난 '우리'라고 했어. 똑같은 게
아니라고. 그건 오히려 합리적인
얘기지. 난 우리 관계가
지속되지 못할 거란 걸 잘 알고
있었어. 비록… 아냐, 사실 난
아무것도 알지 못했어. 언젠가
그가 돌아올 수 있을 거라
생각하면 안심이 됐지…
그때가 오면 이 세상에
그이보다 중요한 건 없을 거라
생각했어… 우린 늘 어쩌다
한 번씩 보는 사이였지만 그래도
내가 지속적인 감정을 느낀
유일한 남자였어. 그러니까,
관계가 지속되게끔 만들어낸
감정이었지. 지속되지 않을 수
있단 걸 알면서도 말이야.

실비
그럼 넌 그 사람이

이혼할 거라 생각했어?

안
아니. 난 그 사람이랑
결혼할 마음도 없었어…

실비
지속적인 감정이 느껴지는
남자가 있다면, 그 사람과
결혼해야지.

안
그래, 그렇겠지. 넌 늘 그렇게
일반적인 얘길 하더라!

종업원이 커피와 샌드위치를 가져온다.
안은 고맙다고 말하고 샌드위치를
한 입 베어 문다.

실비
왜냐면 너보다는 나 같은
사람들이 더 많으니까. 사실 난
널 이해 못 하겠어. 늘 외롭다고
불평하면서도 아무하고도 같이
안 살려고 하잖아.

안은 한 입 베어 물은 샌드위치를
다시 내려놓는다.

안
난 배가 안 고프네.
너 이거 먹을래?

실비
아니, 괜찮아.

안
누군가를 사랑하는 일과
그 사람과 같이 사는 일은
완전히 별개의 문제야.

실비
난 가끔 네가 하는 말들을
스스로 정말 믿고 있는 건지
의심이 들어.

종업원이 크로크무슈를 가져온다.
실비는 음식을 자르기 시작한다.
그러다 음식이 조금 식을 때까지
기다린다.

안
진실을 알고 싶어? 난 내가
하는 말을 정말로 믿어. 하지만
오늘은 좀 다른 생각을 하게
됐어. 오늘 아침 크리스티앙이
나에게 자기 아내를 사랑한다고
말했을 때… 그러니까 어떤
일이 불가능해지면 갑자기 그걸
욕망하게 되는 법이잖아…
만약 그 사람이 그 말 대신
자기 아내를 떠나서 나와
같이 살겠다는 말을 했다면
거절하기 매우 어려웠겠단
생각이 들었거든… 하지만
그래도 선택을 해야만 한다면
난 누군가에게 의존적일 수밖에
없는 삶을 사느니 혼자서 불행히
사는 편을 택하겠어.

실비
넌 완전히 비현실적인 생각에
갇혀 있는 거야. 너랑 같이
살지도 않는 남자를 어떻게
계속 붙잡아두겠다는 거야?
난 이해가 안 돼. 차라리 그런
남자들은 이해가 가. 내 앞에선
죽도록 사랑한다고 말해놓고,
결국 계속 아내와 살면서
임신까지 시키는 그런 남자들.
난 그런 환멸을 겪고 싶지 않기
때문에 결혼을 하겠다는 거야.
누구든 만날 수 있는 거, 이 남자
저 남자 돌아가며 만나보는 거
물론 좋지. 나도 한때는 그런
삶을 즐겼어. 하지만 그런
모든 일들이 지겨워지는 나이가
있는 거라고.

안
이것 봐, 나 그렇게 안 늙었거든!
이제 바른 생활을 하실 건가
본데, 난 아니라고.

실비
결혼은 끝이 아닌 시작이야.

안
세상에! 그다지 열정적이지
못한 시작이겠지.
너의 장피에르를 보라고!

실비
너의 프랑수아는 어떻고!

안
아, 난 프랑수아랑
결혼할 일 없어.

실비
뭐. 각자 취향이 있는 거니까…
근데 넌 어쩜 그렇게 서로 다른
남자들을 동시에 사랑할 수
있는 거야? 이해가 안 된다니까.

안
넌 항상 똑같은 남자들을
만났지. 네가 왜 바꿔보며
만날 생각을 안 했는지
난 그게 이해가 안 돼.

실비
이제 안 바꿔. 내가 찾던
남자를 만났으니까. 하지만
내 취향은 늘 확고했지.

안
어이가 없다! 넌 내가 정해진
타입의 사람을 찾는다고
생각하나 본데, 전혀 아니야!
내가 사람을 만날 때 보는 건
키가 큰지 작은지, 머리색이
갈색인지 금색인지가 아니야.
내가 보는 건 완전히 다른
차원이라고.

실비
그럼 도대체 프랑수아는
뭘 보고 좋아하는 거야?

그렇게 형편없는 남자를
만나는 건 아무나 할 수 있는
일은 아닐 텐데.

안이 실비를 팔꿈치로 툭툭 치면서
식당으로 들어서는 프랑수아의
모습을 가리킨다.

안
조용히 해!

실비
호랑이도 제 말 하면
온다더니.

안
날 그냥 두는 법이 없다니까!

프랑수아가 두 사람의
테이블로 다가온다.

프랑수아
안녕!

실비, 안
안녕.

프랑수아
내가 방해했나?

안
차갑게
아냐. 막 일어나려던 참이야.

실비
나도. 혹시 뭐 먹을 거면
이 자리 앉아.

프랑수아
난 배 안 고파.

안
그럼 내 샌드위치 가져가던지.

프랑수아
아냐, 괜찮아…

안
내가 여기 있다고 누가 그래?

프랑수아
들은 게 아냐. 근처 카페란
카페는 다 찾아다녔어.

안
그럼 난 갈게.
미용실에 늦겠어.

프랑수아
내가 데려다줄게.

안
그럴 필요 없어.

프랑수아
너한테 할 얘기 있단 말이야.

안
다음에 얘기해.
실비에게
먼저 갈게.
프랑수아에게
사무실로 전화하지 마.
네 전화 안 받을 거야.

프랑수아
이렇게 못되게 굴지 마.
네가 필요하다고 했던 배관공을
구했다고. 어떻게 할지
바로 답을 줘야 한단 말이야.

안
급할 거 없잖아.

프랑수아
아니야.
내일 오후만 시간이 된대.

안
내일은 엄마 보러 갈 거야.
미안해… 다른 방법은 없을까?

프랑수아
그럼 열쇠를 관리실에
맡기고 가.

안
알겠어. 그럴게. 그럼 난 간다!

프랑수아
잠깐만. 내가 내일 직접 가볼게.
그게 더 안전하니까.

안
번거롭게 그럴 필요 없어.

프랑수아
번거롭지 않아. 너도 알잖아.

안
고마워.

안이 밖으로 나가자,
프랑수아가 뒤따른다.

거리, 오후 1시 25분.

안
잘 가, 프랑수아!
다시 한번 고마워.

프랑수아
내가 데려다준다니까.

안
그럴 필요 없어.

프랑수아
아냐. 어차피 가는 방향이야…

안
어디 가는데?

프랑수아
지하철역. 친구한테 말해주러
가야 하거든. 낮 근무하는
친군데 이제 일이 끝났을 거야.
만나기로 했어.

안
지하철역은 저쪽이야.

프랑수아
알아. 근데 에투알 역에서
타려고. 5분밖에 차이
안 나니까 거의 똑같아. 너한테
얘기하려고 했었어…

그 친구를 오늘 아침에
일 끝나고 나오다 봤거든.

안
그럼 얼른 가서 알려줘.
친구 떠나기 전에.

프랑수아
아냐, 아직 시간 있어. 사실…
너한테 최대한 빨리 말하고
싶었는데 네가 사무실로
전화하는 걸 싫어하니까.

안
이런 일로만 전화하는 거라면,
받을 수 있어.

프랑수아
그런 얘기가 아니야!
오늘 아침에 너에게 이 얘길
해주려고 했어. 아까 8시에.
안은 프랑수아를 바라본다.
그래서 너의 집으로 갔지.
그리고 너랑 그 남자가 집에서
같이 나오는 걸 봤어.

안
거칠게
나중에 설명할게. 지금 이렇게
도로 한복판에서 말고.
그 얘길 꼭 지금 해야 해?

프랑수아
내가 많이 놀랐겠단
생각은 안 들어?

안
나중에 설명한다잖아!

프랑수아
난 그 남자가 떠난 줄 알았는데.

안
다시 나타난 거야.
프랑수아, 날 좀 믿어!
나중에 얘기하자고.

프랑수아
언제?

안
몰라.

프랑수아
오늘 저녁?

안
오늘 저녁엔 약속 있어.

프랑수아
내일?

안
내일 엄마 보러 간다고
얘기했잖아.

프랑수아
그럼 가지 마!

안
그럼 월요일.
월요일 저녁에 보자.

프랑수아
월요일은 내가 일을 하잖아.

안
일 가기 전에 보면 되지.
얘기하는 데 몇 시간이
필요한 건 아니잖아.

프랑수아
월요일까지 어떻게 기다려!

안
날 감시하지 말았어야지!

프랑수아
널 도와주려던 거잖아.
나한테 이러면 안 되지!

안
그만해!
프랑수아, 날 믿으라고!
날 좀 내버려둬!

프랑수아
오늘 저녁에 그 남자
만나는 거야? 파리에 온 지
오래됐어?

안
그만두고 좀 가.
안 그럼 난리를 칠 테니까!

프랑수아
오늘 저녁에 그 남자
만나는 거냐고!

안
내 일에 상관 말라고
너한테 입이 닳도록 말했지.

프랑수아
나하고도 상관있는
일인 것 같은데!

안
날 믿든지 믿지 말든지
알아서 해.
날 안 믿을 거라면,
잘 가. 꺼지라고!

프랑수아
난 널 믿었어! 그 남자
다신 안 볼 거랬잖아!

안
그런 적 없어. 그 사람이
사라졌고, 아마 다신
볼 일 없을 것 같다고 말했었지.
그런데 그가 돌아온 거야.

프랑수아
언제?

안
나중에 봐서 말해줄게. 지금은
말고. 날 배려하는 마음이
조금이라도 있다면 그런 질문은
해선 안 되는 거야.

프랑수아
그 남자 사랑해?

안
아, 젠장! 날 가만히 두랬지.
계속 이러면 다신 널 안 볼 거야.

프랑수아
하지만 내 입장에서 생각을 좀
해보란 말이야.

안
너야말로 내 입장에서 생각을
좀 해봐… 좋아, 정 알고 싶다면
그 사람은 오늘 오후에
다시 떠나. 이제 만족하니?
안은 미용실이 있는 곳까지 왔다.
그녀는 길을 건넌다.

프랑수아
안!

안
잘 가.

프랑수아
잠깐 기다려!

안
싫어! 월요일에 봐.

안은 미용실로 들어간다.
프랑수아는 차마 그녀를 따라 미용실로
들어가지 못한다.

─────────────

동역, 오후 2시.
프랑수아는 동료와 만난다. 그는

동료에게 다음 날 수도를 고치기
위해 방문해도 되며, 열쇠는
관리실에 맡겨두겠다고 말한다.
두 사람은 헤어지고 프랑수아는
역 로비를 가로질러 지하철역으로
내려가는 계단으로 향한다. 갑자기
그의 발걸음이 멈춘다. 아침과 옷이
다르기는 하지만 크리스티앙과 똑 닮은
남자가 카페테라스에 앉아 있는 모습을
본 것이다. 프랑수아는 잠시 망설이다
그와 멀지 않은 테이블로 가서 앉는다.

카페테라스, 2시 15분.
프랑수아는 커피 한 잔을 주문한다.
크리스티앙(임이 분명한 남자)은
신문을 읽고 있다. 프랑수아는
가방에서 책 한 권을 꺼내 읽기
시작한다. 그러면서도 가끔씩
크리스티앙 쪽을 힐끔힐끔 바라보길
잊지 않는다. 프랑수아는 몰려오는
잠을 이겨보려 하지만 결국
잠이 들고 만다.
프랑수아는 깨어난다. 크리스티앙의
테이블 쪽을 바라보는데, 그는 떠나고
그 자리에 젊은 금발의 여자가
앉아 있다. 프랑수아는 테이블에 커피
값을 올려둔다. 그가 종업원을 불러
계산을 하려는데, 그때 그의 눈앞에
크리스티앙이 다시 나타난다. 그는
카페 안에서 나오더니 젊은 금발
여자의 옆에 앉는다. 침착함을 되찾은

프랑수아는 이제 강렬한 호기심을
느낀다. 하지만 두 사람이 바로
일어나더니 그대로 가버린다.
프랑수아는 조금 거리를 두면서
그들을 쫓는다.
그들은 옆문으로 역을 빠져나가서
계단을 올라 라파예트 거리로 간다.
26번 버스 정류장에서 걸음을
멈춘다. 버스가 도착하자 두 사람이
버스에 올라타고 프랑수아도 그들을
따라 버스에 오른다.

버스 안, 2시 30분.
두 사람은 앞쪽 자리에 앉는다.
프랑수아는 그들에게 들킬까 두려워
뒤편에 앉는다. 하지만 그들을 등지는
자리라 감시를 계속할 수 없었던
까닭에, 등지지 않는 자리가 나자
바로 자리를 옮긴다. 그렇게 옮긴
자리 맞은편에는 열다섯 혹은 열여섯
살쯤 돼 보이는 젊은 여자(뤼시)가
독일어 교재를 읽고 있다. 그녀는
프랑수아보다 먼저 버스에 타 있었다.
그녀는 이따금 프랑수아를 뚫어져라
바라본다. 프랑수아도 조심스럽게
그녀를 바라보는데, 그녀가 그의
시선을 피하지 않자, 자기가 시선을
돌려버린다. 보차리스 역에 도착하기
조금 전에 그녀는 자리에서 일어난다.
앞쪽에 앉았던 두 사람도 버스가
멈추자 바로 자리에서 일어난다.

프랑수아도 급히 버스 출구 쪽으로
달려 나간다.

뷔트쇼몽 공원, 3시.
젊은 여자는 뷔트쇼몽 공원 쪽으로
향한다. 크리스티앙과 금발 여자는
어느 길로 갈지 망설이는 것 같다.
그러자 프랑수아는 어쩔 줄 몰라 하며
갈팡질팡한다. 결국 크리스티앙과
그의 동행인은 젊은 여자와 같은
길로 간다. 두 사람의 걸음이 빨라
곧 여자를 앞지른다. 두 사람을
20미터쯤 떨어져 뒤따라가던
크리스티앙도 그 여자를 앞지른다.
하지만 크리스티앙이 갑자기 멈춰 서
옆의 여자와 대화를 나누기 시작하자,
프랑수아는 미행을 처음해보는
사람답게 본인도 갑자기 멈춰 서서
그대로 돌아선다. 뒤를 돌자마자
젊은 여자의 얼굴과 맞닥뜨린다.
그녀는 그가 자신에게 말을 걸길
기대하는 것 같다. 프랑수아가 말을
걸자, 그녀가 걸음을 멈춘다.

프랑수아
페트 광장이 어딘지 아세요?

뤼시
페트 광장이요?
그건 저쪽인데요!
뤼시는 자신들이 걸어 온
방향을 가리킨다.

프랑수아
네, 알아요. 거길 가려는 게
아니라 그게 어느 쪽인지 알고
싶어서요. 공원에 들어왔더니
방향을 못 잡겠네요.

뤼시
그렇게 어려운 일은 아닌 것
같은데요. 어디 가시는데요?

프랑수아
그게, 그러니까…
저는 지금… 어딘지 알고 있긴
한데 주소를 몰라서요.

뤼시
그럼 어딘지 모르는 거네요.

뤼시는 웃는다. 크리스티앙과 동행인이
호수 쪽으로 다시 걷기 시작한다.

프랑수아
아뇨. 가본 데예요. 예전에
누구랑 차를 타고 갔거든요.
그런데 거리 이름을
몰라서요. 그게… 아마 대로
주변이었을 거예요.

뤼시
대로요? 이 주변 천지가
다 대로인데요.
심지어 다 똑같이 생겼고요.

프랑수아
아니요. 찾을 수 있을 것

같아요. 보통은 제 방향 감각이
통하는 편이거든요.

뤼시
갑자기 웃음을 터뜨리며
그럴 거 같지 않은데요!

프랑수아
저쪽인 것 같아요.

뤼시
19구 구청 쪽을 말하는 거예요?

프랑수아
아, 네. 맞아요.

뤼시
그럼 공원을 가로지를
필요 없어요. 더 아래로
내려갔어야 해요.

프랑수아
그렇군요.

뤼시
그럼 절 따라오세요!

두 사람도 호수 쪽으로 내려간다.

프랑수아
어쨌든 공원을 지나서 가면
더 쾌적하잖아요.
오늘 날씨도 참 좋고요.

뤼시
보통 이렇게 공원에서
하루를 보내세요?

프랑수아
아니요! 오늘은 예외적인
날이에요.

뤼시
저도 그래요. 원래 수업이
있는데 선생님들이
파업 중이셔서요. 실내에
있고 싶지 않아서 책을 챙겨
밖으로 나왔죠.

프랑수아
밖에서 공부가 돼요?

뤼시
전 밖에서 공부할 때가
제일 잘돼요. 버스나
지하철 안, 공원에서처럼
주변이 시끄러울 때요.

프랑수아
내 친구들 중에도
카페에서 공부가 잘된다는
애들이 있죠.
하지만 난 못 하겠던데요.

뤼시
학생이세요?

프랑수아
네. 시험을 준비하고
있어요. 하지만 생활비를
벌어야 해서
일도 같이 하죠.

뤼시
근데 지금은 아무것도
안 하고 있네요?

프랑수아
저는 밤에 일해요.
낮에는 자고요.

뤼시
지금 안 자고 있잖아요.

프랑수아
원래 잠들어 있을 시간인데,
좀 신경 쓰이는 일이 있어서
잠을 못 잤죠.

뤼시
그럼 지금은요?

프랑수아
지금은…
볼일이 좀 있어서요.

크리스티앙과 금발 여자는
옆길로 꺾는다.
프랑수아도 옆길로 빠진다. 뤼시가
그의 팔을 잡아 멈춰 세운다.

뤼시
어디 가요?

프랑수아
그게…

뤼시
반대 방향을 가리키며

공원을 가로지르려면
저쪽으로 가야 해요.

프랑수아
망설이며
그렇긴 한데,
다시 생각을 해보니…

뤼시
저쪽이라니까요!
고민할 필요가 없는 문제라고요.
후, 그럼 맘대로 하세요.

크리스티앙과 금발 여자가 다시
발걸음을 돌린다.
그러자 프랑수아도 급히 뒤돈다.

프랑수아
좋아요.
프랑수아는 계속 망설인다. 뤼시가
어리둥절하며 그를 바라본다.
그는 뒤를 슬쩍 바라본다.
두 사람이 앉을 자리를 찾고 있다.
우리 잠깐 앉을까요?

뤼시
볼일 있다면서요?

프랑수아
급한 일은 아니에요.
지금이 3시니까…
그는 손목시계를 본다.
아, 3시 반이네요.
어쨌든 전 좀 앉아야겠어요.
프랑수아는 자리를 잡고 앉는다.

뤼시
좋아요. 대신 한마디도 하면
안 돼요. 전 공부할 거예요.

프랑수아
나도 마찬가지예요.

프랑수아는 가방에서 책 한 권을
꺼낸다. 뤼시가 책 제목을 본다.

뤼시
민법이라! 와!

프랑수아
관심 있어요?

뤼시
전혀요. 난 법 공부는
못 할 것 같아요!

이제는 프랑수아가 뤼시가
펼치는 책을 본다.

프랑수아
그럼 당신은요? 독일어?

뤼시
제2외국어예요.
제1외국어는 영어고요.
또 라틴어도 공부하죠.
독일어 공부해봤어요?

프랑수아
아니요. 어렵지 않나요?

뤼시
안 그래요. 라틴어를 좀 알면

괜찮아요. 그런데 우리 얘기
안 하기로 했는데.

두 사람은 다시 책을 보기 시작한다.
하지만 프랑수아는 중간중간 고개를
들어 크리스티앙 쪽을 바라본다.
뤼시가 그 시선을 눈치챈다. 그녀는
잠시 책에서 눈을 떼고 프랑수아를
관찰한다. 프랑수아는 그녀가 자신을
바라보는 걸 느끼고 그녀에게로
몸을 돌린다.

뤼시
책 안 봐요?

프랑수아
그러는 그쪽은요?

뤼시
난 책 보고 있어요.
하지만 고개를 들 수야 있죠.

프랑수아
나도 마찬가지예요.

뤼시
뭘 보고 있어요?

프랑수아
그쪽은요?

뤼시
당신이요. 당신이 뭔가를
바라보는 모습을 보고 있죠.
도대체 뭘 보는 거예요?

프랑수아
아무것도 아니에요. 어쨌든
당신과 상관없는 일이잖아요.

뤼시
잠깐만요. 당신이 그렇게
쳐다보는 건 나와 상관있죠.

프랑수아
아, 예민도 하셔라.

뤼시
대화 중에 다른 곳을
쳐다보는 건 상대에 대한
예의가 아니니까요!

프랑수아
세상에! 지금 예절을
가르치려는 거예요?
우선 난 당신에게 말하고
있지 않았어요. 그리고 말하지
말자고 한 건 당신이고요.
나도 당신을 가만히
내버려둘 테니 당신도
날 가만히 내버려둬요!

뤼시
아무래도…
버스에서 내린 뒤로
당신이 저쪽에 있는
두 사람을 쭉 지켜보고 있다는
느낌이 드는데요.

프랑수아
두 사람이라뇨?

뤼시는 두 사람이 있는 방향을
손가락으로 가리킨다. 프랑수아가 깜짝
놀라 그녀의 팔을 잡아서 내린다.

프랑수아
그렇게 손가락으로
가리키지 마요!

뤼시
화를 내며
왜 이래요?
도대체 왜 이러는 건데요?

프랑수아
저 사람들을
가만히 냅두라고요.

뤼시
그쪽이 저 둘을
쫓아다니고 있잖아요!

프랑수아
아니에요.

뤼시
목소리를 높이며
저 둘을 쫓는 게 확실해요!

프랑수아
조용히 해요!
그러다 저 사람들이
듣겠어요!

뤼시
저렇게 멀리 있는데요?

프랑수아
혹시 모르잖아요.
바람에 실려 갈 수도 있죠.

뤼시
당신이 저들을 따라온 게
아니라면 아무 상관 없잖아요.

프랑수아
상관있어요. 내가 뒤따라왔다고
오해받는 건 싫단 말이에요.

뤼시
목소리를 낮추며
미행당할 이유가 전혀 없다면,
저 사람들은 우리가 자기들에
대해 하는 말을 어차피
못 알아들을 거예요.

프랑수아
점점 더 안절부절못하며
제발 저 사람들을 좀 가만히
냅두라고요. 이만 가죠…
아니에요, 좀 더 있죠.

뤼시
겁내는 거예요?

프랑수아
아뇨. 우스워지고 싶지
않은 것뿐이에요.

뤼시
아는 사람도 아닌데
뭐가 문제예요?

프랑수아
제발 부탁할게요…
좋아요. 정 그렇게 알고
싶다면, 맞아요.
저 두 사람을 따라왔어요.

뤼시
형사예요?

프랑수아
아뇨. 음, 그렇기도 해요.
어떻게 보면 그렇죠.

뤼시
경찰서에서 나온 거예요?

프랑수아
아니에요. 사설이에요…
사설탐정이죠.

뤼시
그럼 흥신소에서
일하는 거예요?

프랑수아
맞아요. 아내가 바람을
피울까 봐 겁을 먹은 남편들의
의뢰를 받고 일하죠.

뤼시
무지 재밌는 일이네요!
근데 아까는 밤에 일한다고
하지 않았어요?

프랑수아
그럴 때도 있죠.

우리 일에 정해진
근무시간이란 없거든요!

뤼시
그렇다면 저기 보이는
여자분이 지금 애인을
만나는 중이겠네요?

프랑수아
그건 업무상 비밀이에요.

뤼시
근데 저 두 사람, 별로 연인처럼
보이진 않는데요? 제가
보기엔… 아마 저들은 당신이
자신들의 뒤를 밟고 있다는 걸
눈치챈 것 같아요.

프랑수아
그런 것 같아요?

뤼시
당신은 본인 직업에 대한 탐구가
더 필요한 것 같군요. 어쨌든
제가 조언 하나 해드리죠.
처음 만난 사람을 믿지 마세요.
당신 정체를 밝히기라도 하면
어쩌려고 그래요?

프랑수아
당신이요?
당신이 그럴 리 없잖아요.

뤼시
오, 그럴 건데요!

프랑수아
뭐 때문에?

뤼시
당신을 곤란하게 하려고요!

프랑수아
대단하군요.

뤼시
난 경찰이 싫어요.

프랑수아
난 경찰이 아니에요.

뤼시
그리고 도대체 저 여자가
당신에게 뭘 잘못했죠?
저 여자에게는 원하는 대로 자기
삶을 살아갈 권리가 있다고요!
난 가서 말해야겠어요.

뤼시는 일어나 두 사람 쪽으로
달려간다. 프랑수아가 황급히 따라가
그녀를 붙잡는다.

프랑수아
안 돼요!
왜 이러는 거예요, 정말!

뤼시
이거 놔요! 안 놓으면
소리 지를 거예요!

프랑수아
조용히 해요! 이러다

저 사람들이 듣겠어요!
제발 조용히 좀 하라고요…
아, 됐어요. 갈래요.

프랑수아는 뤼시를 잡던 손을 놓더니
도망갈지 그대로 있을지 잠시
망설인다. 뤼시가 웃음을 터뜨린다.

뤼시
아, 지금 본인 얼굴이 어떤지
직접 봐야 하는데!
내가 정말 가서 말할 줄
알았던 거예요?
안심시키는 말투로
우리가 저 사람들 눈에 띄진
않은 모양이에요.

프랑수아
그랬길 바라야죠.

뤼시
안 그럼 당신은
쫓겨날 거 아녜요.

프랑수아
뭐라고요?

뤼시
당신이 일하는 사무소에서
해고될 거라고요.

프랑수아
아, 사실대로 말할게요.
거짓말했어요.
난 탐정이 아니에요.

뤼시
그럴 줄 알았어요.
그게 당신이 여자를 꼬실 때
쓰는 방법이잖아요.
그래서 당신을 놀린 거예요.

프랑수아
완전히 잘못 짚었어요.
난 길에서 여자나 꼬시는
사람이 아니에요. 특히 오늘
같은 날에는 더욱더!

뤼시
호수의 오리들을 발견하며
잠시만요!
얘들아… 이리 와…

뤼시는 오리들에게 먹이를
주러 간다. 프랑수아는 길가의
낮은 담에 걸터앉는다.

프랑수아
진실을 알고 싶어요?
내가 저 두 사람을
미행하는 건 맞아요. 하지만
탐정은 아니에요.

뤼시
그럼 뭔데요?

프랑수아
아무것도 아니에요.

뤼시
뭐라고요?

프랑수아
아는 사람이에요. 남자
말이에요. 여자는 모르고요.
저 남자는 내 애인의 친구예요.

뤼시
다가오며
친구요, 연인이요?

프랑수아
연인. 그러니까
전 남자친구요. 난 둘이
헤어진 줄 알았거든요.

뤼시
근데 이제는 아닌 것 같아요?

프랑수아
모르겠어요.

뤼시
계속 얘기해봐요. 재밌는데요?
엄청난 얘기네요! 자, 그래서요?

프랑수아
그게 다예요.

뤼시
저 남자는 당신을 알아요?

프랑수아
몰라요. 그러길 바라죠.

뤼시
근데 당신은 저 남자를
안다면서요.

프랑수아
그냥 살짝 본 적이 있어요.
저 사람이 맞다면.

뤼시
그의 옆에 앉으며
뭐라고요?
확실하지도 않은 거예요?

프랑수아
아니, 확실해요. 잘못 봤을 리가
없어요. 분명 저 사람이에요.

뤼시
근데 이해가 안 되네요.
저 사람 집에서부터
미행한 건가요? 그게 아니면…
뭐죠?

프랑수아
아니에요. 놀랍게도 저 사람을
우연히 카페테라스에서 봤어요.

뤼시
하나도 놀라운 일 아닌데요.
나도 아는 사람들을
우연히 만나곤 해요.

프랑수아
그게 아니라 평소
그 시간이라면 내가 절대
갈 일이 없었을 장소에서
봤거든요. 내 친구를 볼일이
있어서 다시 그곳에 갔다가…
근데 정말 놀라운 사실은

오늘 아침에 파리의
다른 곳에서 저 남자를 이미
봤었다는 거예요.

류시
두 번 일어난 일이 세 번
일어나지 말란 법 없다잖아요.
그럼 오늘 저 남잘 한 번
더 만나겠네요.

프랑수아
불길한 얘기 마요!

류시
왜요? 저 남자를 죽이기라도
하게요? 조심하라고요!
그래서 결국 당신은 뭘 하고
싶은 거예요?

프랑수아
그런 거 없어요.

류시
그럼 도대체 뭐 하러
따라다니는 거죠?

프랑수아
아무 이유 없어요. 그러니까…
이상하게 들리겠지만,
난 오늘 오후에 할 일이
필요했어요. 낮에 할 일이
아무것도 없었거든요.
물론 수업이 하나 있긴 한데
별로 중요한 건 아니고요.
그래서 저 두 사람을 카페에서

발견하자 나도 자리를 잡고
앉았어요. 그리고 저들이
일어나길래 나도 기계적으로
일어났죠. 그 뒤엔 저들을 따라
버스를 탄 거예요.

류시
나도 그 버스에 타 있었죠.
그리고 나한테도 '기계적으로'
접근했군요?

프랑수아
의도치 않게 당신을
맞닥뜨린 거라고 해두죠.

류시
그러고 보니 대답 안 했잖아요.
이제 어쩔 거냐니까요?

프랑수아
계획 없댔잖아요. 어차피 아무
소용없는 일이니까요.

류시
이 얘길 애인한테 할 거예요?

프랑수아
아뇨… 지금도 충분히
엉망인 상황을 최악으로 몰고 갈
필요야 없죠. 게다가
어차피 내 말을 믿지 않을 게
뻔해요. 나한테는 그 사람이
아니라고, 내가 잘못 본 거라고
할걸요. 저 남잔 오늘 오후에
파리를 떠나기로 되어 있거든요.

뤼시
몇 시에요?

프랑수아
그건 몰라요.

뤼시
아직 오후가 끝나지
않았잖아요! 가장 좋은
방법은 저 두 사람의
사진을 찍는 건데…
어머, 저기 좀 봐요!
그녀는 크리스티앙과 금발 여자
근처에서 폴라로이드 카메라로 사진을
찍고 있는 아시아인 커플을 가리킨다.
금방 올게요!
저 사람들한테 사진기를
빌려야겠어요…

뤼시는 자리에서 일어나 그들을 향해
뛰어간다. 깜짝 놀란 프랑수아는 미처
그녀를 붙잡을 시간이 없었다. 뤼시는
돌아보며 프랑수아에게 그 자리에
있으라고 소리친다. 프랑수아는
혹시라도 일이 틀어지면 조심스럽게
자리를 뜰 준비를 하면서, 무슨 일이
일어나는지 멀리서 지켜보기로 한다.
뤼시는 사진을 찍는 남자에게 가까이
다가가 걸음을 멈추고는, 사진기
앞을 지나가지 않고 그가 사진을
찍을 때까지 기다린다. 아주 꼼꼼해
보이는 남자는 사진을 찍는 데 시간이
걸리는지 그녀에게 먼저 지나가라는

표시를 한다. 뤼시는 그 앞을
지나가지만 몇 걸음 못 가 다시
돌아서서 그를 유심히 바라본다. 그가
드디어 셔터를 누르고 폴라로이드
사진기에서 자동적으로 나오는 사진을
잡는다. 그러다 자신을 보고 웃고 있는
뤼시 쪽을 반사적으로 바라본다.

뤼시
영어로
제가 두 분 사진을
찍어 드릴까요?

관광객
잠시 망설이다
네, 좋아요.
그들은 뤼시를 잘 믿지 못하겠는지,
위치 선정과 구도까지 정해주고 나서야
사진기 앞에서 함께 포즈를 취한다.
셔터를 누를 때 절대 사진기를
움직이면 안 돼요.
렌즈 앞에 손 두지 마시고요.

뤼시
네, 알아요. 제 친구도 이런
사진기를 갖고 있거든요.
뤼시는 사진을 찍고 사진기를
돌려준다. 그러고는 같이 사진을 봐도
되는지 묻는다. 세 사람은 사진이
나오길 기다린다. 서서히 사진이
모습을 드러낸다.
와, 정말 멋진데요!
오늘 햇빛이 유난히 좋네요!

관광객
저희가 사진 한 장
찍어드릴까요?

뤼시는 거절하는 척하다 응한다.
뤼시는 뒤에 크리스티앙과 금발 여자가
나오도록 자리를 잡는다. 하지만
사진기를 든 젊은 여자가 그쪽은 빛이
잘 들지 않는다며 까다롭게 군다.
그러자 뤼시는 뒤에 보이는 나무가
자신의 '페티시' 나무라며 그 나무가
뒤에 나오도록 찍어달라고 부탁한다.
뤼시는 관광객들에게 그게 무슨
뜻인지를 설명하려 애쓴다. 여자는
마지못해 뤼시의 요구를 받아들인다.

관광객
뒤의 커플이 프레임 안에 들어오자
반대쪽을 가리키며
좀 더 이쪽으로 서세요.

그녀는 조심스러워서인지 다른
이유에서인지 프레임에 커플이
잡히지 않게 하려고 한다. 하지만
위기를 직감한 뤼시는 못 알아듣은
척하면서 있던 자리에 우두커니 서
있다. 그러나 결정권을 가진 사람은
결국 사진기를 든 여자다. 그녀는
그냥 자기가 옆으로 한 발 옮겨가더니
뤼시가 대처할 틈도 주지 않고 그대로
셔터를 눌러버린다.

뤼시
훌륭한 사진이네요.

사진이 나오는 것을 보며
정말 감사해요.

관광객
별말씀을요.

한 손에 사진을 든 뤼시가
프랑수아에게 돌아온다.

뤼시
망했어요! 여자분이 일부러
두 사람이 안 나오게
찍었다고요. 머리카락 조금
보이는 게 다예요.

프랑수아
일부러요?

뤼시
뒤에 두 사람이 같이 나오면
사진이 안 예쁘게 나올 거라
생각했나 봐요. 그러고 보니
내가 저 사람들이 누군지
알 게 뭐예요! 잘 나온 사진
한 장 얻은 거죠, 뭐!
이 사진 갖고 싶어요?

프랑수아
갖고 싶네요.

프랑수아가 사진을 가져가려 한다.
뤼시는 사진을 다시 자기 쪽으로
가져와 가방 안에 넣는다.

뤼시
못 줘요! 내가 처음 만난

남자에게 내 사진을 줄 거라고
생각했단 말이에요?
여자나 꼬시는 그런 남자에게?

프랑수아
난 그런 사람 아니에요.

뤼시
그럴 리가!
당신 애인 얘기도 다
꾸며낸 거잖아요!

프랑수아
아니라니까요!

뤼시
세상에 어떤 여자가
당신과 저런 남자를 동시에
사랑할 수 있겠어요?
날 속일 생각 마요.

프랑수아
속이는 거 아니에요.

뤼시
말을 이어가며
가까이 갔을 때 저 남자를
유심히 봤다고요.
당신이랑 닮았다기엔…
아, 여기 있는 오리가
오랑우탄을 닮았다고
하는 거랑 비슷하겠어요.

프랑수아
내게도 충격적인 사실이에요.

뤼시
만약 당신이랑 비슷한
사람이었으면 충격을 받지
않았을까요?

프랑수아
아뇨, 그렇다 해도 마음
아팠겠죠. 하지만 지금은
마음이 아픈 건 물론이고
충격적이기까지 해요.
난 여자친구와 저 남자가
전혀 어울리지 않는다고
생각하거든요. 게다가 그녀는
항상 나에게 저 남자를 사랑하지
않는다고 말했죠.

뤼시
흠, 여자들이 하는 말은…

프랑수아
그나저나…
내 얘기 지루하죠?

뤼시
지루하지 않아요.
재밌어요.

프랑수아
내가 우습죠?

뤼시
그건 그래요… 원래 자기
문제에 몰두해 있는 사람은
다른 사람에겐 우스워 보이는
법이에요. 그러니 우스워지는 걸

두려워해선 안 되죠.
그분은 예뻐요?

프랑수아
누구요? 내 여자친구요?
그럼요. 아주 예쁘죠.

뤼시
저기 있는 여자보다요?

프랑수아
타입이 달라요. 하지만 정말
예뻐요. 파리에서 그 정도
미인은 열 명도 찾기 힘들걸요.

뤼시
열 명이요?

프랑수아
말이 그렇다는 거예요.
백 명으로 하죠, 그럼.

뤼시
천 명이어도 대단한 거예요!

프랑수아
사진 볼래요?

프랑수아는 지갑에서 사진 한 장을
꺼내 뤼시에게 보여준다. 뤼시는
사진을 받아들고 유심히 들여다본다.

뤼시
정말이네요. 아주 예뻐요.
눈이 참 예쁜데, 슬퍼 보이네요.
침울한 성격이에요?

프랑수아
아뇨. 그 반대예요. 아주 잘
웃어요. 하지만 사진만 찍으면
꼭 이렇게 슬퍼 보인다니까요.
실제론 유쾌한 성격이에요.

뤼시
나만큼이나?

프랑수아
다른 타입이에요. 내 여자친구는
나이가 더 많죠.
스물다섯 살이에요.

뤼시
당신이 더 어리겠네요?

프랑수아
그야 그렇죠. 난 스무 살이니까.

뤼시
난 열다섯이에요.

프랑수아
그럼 내가 딱 중간이네요.
당신에게도 애인이 있나요?

뤼시
음… 네.

프랑수아
누군데요?

뤼시
왕자님이에요. 스페인에
일곱 채의 성을 갖고 있죠.

나랑 결혼하려고 내가 성년이
되길 다리고 있답니다.

프랑수아
어깨를 들썩이며
아, 그것참 멋지네요!

뤼시
아니에요. 사실 길거리
청소부예요. 그리고 당신에게
이런 얘긴 하고 싶지 않네요.
네, 사실 저 남자친구 없어요.
뤼시는 순진한 얼굴로
프랑수아를 쳐다본다.
전 아직 열다섯밖에 되지
않았답니다.

프랑수아
사진 없어요?

뤼시
내 남자친구 사진이요?
그런 거 없어요. 사진도,
남자친구도 없다고요.

프랑수아
분명 지갑 속에 남자 사진이
있을 텐데요.

뤼시
내 남동생을 말하는 거예요?
사진 없어요. 그리고
말했잖아요. 내 애인은
청소부라고. 흑인이고
이슬람교도예요. 종교적인

이유로 절대 사진을 안 찍죠.

프랑수아
난 내 애인 얘길 해줬잖아요!

뤼시
그렇다고 해서 내가 내 애인
얘길 꼭 해야 할 이유는 없죠.
당신이 아무한테나 당신
이야길 한다고 해서 내가
똑같이 해야 할 의무는 없는
거예요. 만약 내 애인이 날 두고
바람을 피운다면 난 그 고통을
홀로 간직하겠어요. 이렇게
따라다니지도 않을 거고요.

프랑수아
내가 따라온 사람은
내 애인이 아니에요.

뤼시
그러니까, 애인이
만나는 여자라도요…
그리고 아무리 생각해도
당신은 나한테 꾸며낸 얘길
하고 있는 게 분명해요…

프랑수아
아니라니까요. 정말 우연히
일어난 일이라고요. 심지어
나조차도 믿기 어려울 정도예요.
게다가 당신도 내 말을 전혀
못 믿겠다고 하니, 내가 꿈을
꾸고 있는 건지 깨어 있는 건지

모르겠네요…

뤼시
당신 지금 꿈꾸는 거예요.

프랑수아
가능한 얘기예요.

뤼시
난 지금 당신이 사실 당신
애인과 일면식도 없는 남자를
두고 완전히 영화를 찍고 있다는
얘길 하는 거라고요.

프랑수아
아뇨. 저 사람이 맞아요. 그리고
만약 아니라도 별로 중요하지
않아요. 난 오늘 할 일이
필요했으니까요. 좀 걷고
싶었거든요. 저 사람을 보니
오늘의 목표가 생긴 거예요.
그리고 당신을 만났을 땐…

뤼시
또 다른 목표가 생겼겠죠.

프랑수아
맞아요. 당신과 얘길 나누니
마음이 좀 편해졌어요.
참 이상하죠. 난 당신을
모르는데 당신에게 이런 얘길
하고 있잖아요. 누구에게도
이래본 적 없거든요. 이렇게
내 얘길 한 건 처음이에요.
오늘 도대체 내가 왜 이러는지

모르겠네요. 잠을 못 자서
그런 게 확실해요.
내 얘길 믿긴 하나요?

뤼시
내가 당신 말을 믿거나
안 믿는다고 해서 뭐가
달라지나요? 당신이 하는
얘기엔 분명 사실도 있겠죠.
어쨌든 난 당신이 이야길 정말
잘한다고 생각해요. 사실 나도
그래요. 끊임없이 얘길 하죠.
하지만 얘기를 하지 않는
사람에게 말해요. 말하는 사람이
있으면 듣는 사람이 있어야
하니까요… 어머나!
두 사람이 사라졌어요!
뤼시가 길가로 뛰어나간다.
잠깐만요!
두 사람이 안 보여요…
앗! 이쪽으로 와요!
뤼시는 즉시 프랑수아 곁으로 와
다시 앉는다.

프랑수아
그렇게 쳐다보지 마요!
대화를 나누는 척하죠. 아까
무슨 얘길 하다 말았죠?

뤼시
잠시 말이 없다가
대화를 나눈 지 30분이나
됐는데, 이제 대화를 나눠야

43

한다니까, 무슨 얘길 해야 할지
모르겠네요.

프랑수아
네, 그러네요… 이렇게
시작해보죠. 자, 내 이야기는
100% 진실이에요.

뤼시
아뇨. 50%겠죠!

프랑수아
100%예요.

뤼시
정말 하나도 지어내지
않았어요?

프랑수아
하나도! 말했잖아요.

뤼시
큰 목소리로
아무래도 안 믿겨요.
끊임없이 거짓말을 하는군요…

프랑수아
좀 작게 말해요!
자연스럽지가 않다고요.

뤼시
웃음을 터뜨리며
자연스럽지 않다고요?
난 더없이 자연스러워요.
부자연스러운 건 그쪽이라고요!
크리스티앙과 금발 여자가

그들 가까이 다가온다.
그리고 왜 이렇게 꿍꿍이가
있는 사람처럼 구는 거예요?
그러니까 자꾸 당신이
사람들 눈에 띄잖아요.

프랑수아는 대수롭지 않은 대화 주제를
찾느라 애쓴다. 그의 눈이 독일어
교재로 향한다.

프랑수아
뭐라고 하셨죠? 독일어가
어렵지 않다고요?

뤼시
네. 어려울 건 없어요.
게다가 선생님이 저보고 억양이
매우 좋다고 하시더군요.
뤼시는 아무 데나 책을 펼쳐 나온
부분을 소리치듯 과장되게 또박또박
끊어 읽는다.
"Also, du hast dich
verheiratet! (그러니까, 당신은
결혼을 했군요!)"

몇 걸음 앞에 걸어가던 크리스티앙이
궁금한 듯 뒤를 돌아본다.
프랑수아는 어쩔 줄을 모른다.

프랑수아
난 가볼래요.

뤼시
안 돼요. 저들이 조금 먼저
가게 두세요.

프랑수아
원하면 따라가요. 난 이제
돌아갈 거예요. 우린 들켰어요.

뤼시
전혀요. 왜 그렇게 생각해요?

프랑수아
우릴 봤잖아요.

뤼시
그랬다고 들킨 건 아니죠.
내가 큰 소리로 독일어를
말한 것뿐이잖아요.

프랑수아
무슨 뜻이었는데요?

뤼시
"Also, du hast dich
verheiratet!"… 글쎄요…
Verheiratet, 이게 뭐지…
그녀는 책을 들여다본다.
"그러니까, 당신은…
Verheiratet…" 사전을 찾아봐야
할 것 같아요. 그리고 저 사람이
독일어를 알아들을 리가
없잖아요.

프랑수아
저 남자 알자스 지방
출신이란 말이에요.

뤼시
뭐… 우리끼리 아무 말이나

해도 될 권리가 있잖아요…
Verheiratet… 도저히
무슨 뜻인지 모르겠네요.

프랑수아와 뤼시는 자리에서
일어나, 공원 밖으로 나가는
크리스티앙과 금발 여자를 멀찍이
따라간다. 비가 내리기 시작했다.
크리스티앙과 금발 여자는 50미터쯤
걸어가다 한 건물 안으로 들어간다.
잠시 후 뤼시와 프랑수아도 그 건물로
따라 들어간다.

19구의 한 건물, 4시.
두 사람이 건물 안으로 들어온다.
계단 쪽은 조용하다. 엘리베이터는
위층에 멈춰 있다. 관리인실의
문 앞에는 입주자의 명단이 붙어 있다.

뤼시
아무래도 3층 이상은
못 올라갔을 것 같은데요…
혹시 이름은 알아요?

프랑수아
슐로세르.

뤼시
슐로세르? Sch로 시작하는?
슐로세르… 슐로세르…

프랑수아
살펴봐도 소용없어요. 어차피

그 사람은 파리에 안 살아요.

뤼시
그래도 혹시 모르잖아요.
잠깐만요…

문이 열리더니 여자 관리인이 나온다.

관리인
누구 찾으세요?

뤼시
그게, 그러니까…
슐로세르 씨요.

관리인
쇼쇠르?

뤼시
그게 아니라, 슐로에 l이
들어가는 이름이요.

관리인
그런 이름 가진 사람은
없는데요.

뤼시
혹시… 못 보셨나요?
그러니까… 마른 남자인데…
비행사거든요.

관리인
여기 비행사는 안 살아요.

뤼시
그게 아니라, 여기 사는
여자분의 지인이에요.

금발 여자분인데요.
머리는 아주 짧고요.

관리인
글쎄. 누군지 모르겠는데요.
그 여자분 이름은 어떻게
되시죠?

뤼시
모르겠네요. 분명 그 여자분을
보셨을 텐데요. 두 명이
들어와서 올라갔을 거예요.
여자분은 꽃무늬 스카프를
둘렀고, 파란색 레인코트를
입고 있었어요.

관리인
아무도 안 올라갔는데요.
어쨌든 난 그런 분은 못 봤네요.
그런데 무슨 일로 찾으시는
거예요? 그분이
뭘 잃어버렸나요?

뤼시
터져나오는 웃음을 간신히 참으며
네. 그러니까 그분이
잃어버린 건 아니고요.
사실은 제 또래의 여자를
찾고 있어요. 그게…
그러니까 수영장에서…
실수로 레인코트를 서로 바꿔
입었거든요. 그래서 제가 직접
아는 사람은 아닌데, 아까
말씀드린 그 여자분과 함께

여기로 들어가는 걸 제 친구가
봤다고 해서요.

관리인
당신이 말한 인상착의의
여자분은 정말 못 봤어요.
그럼 지금 입고 있는 게
그 여자분 우비인가요?

뤼시
맞아요. 돌려드려야 할 것
같아서요.

관리인
이런 옷을 입은 사람은
본 적 없어요. 배 탈 때 입는
옷인가 봐요?

뤼시
맞아요. 요트를 탈 때 입죠.
그쪽도 요트를 타세요?

관리인
전혀요! 근데 아까 금발이라고
하셨죠? 금발이 아닐 수도
있잖아요. 혹시 짙은 갈색은
아닌가요?

뤼시
음, 밤색인 것 같아요.
어쨌든 그 여자가 아닌가 봐요.
우리가 착각한 모양이네요.

프랑수아가 서둘러 밖으로
나가려고 한다.

프랑수아
어쨌든 감사합니다.

관리인
별말씀을요.

뤼시
감사해요. 그럼 실례가
많았습니다. 안녕히 계세요!

프랑수아와 뤼시는 밖으로 나온다.

19구의 거리, 4시 5분.

프랑수아
침울한 모습으로
도대체 저분한테 그런 얘긴
왜 한 거예요?

뤼시
믿게 하려고요. 더 길게 얘기를
나눠보면 뭔가 나올 거라고
기대했거든요… 하다못해 작은
단서라도 말이에요. 하지만
당신은 말 한마디 없이, 빨리
자릴 뜨고 싶어 하는 티만 팍팍
냈죠. 그렇게 수상쩍게 굴면
다 망치는 거라고요.

프랑수아
어쨌든 저분은 아무것도
몰랐잖아요. 게다가 그 남자가
바로 다시 내려올지도 모르는
상황이었고요.

뤼시
이제 우린 어쩌죠?

프랑수아
이만 가야죠.

뤼시
그의 팔을 잡으며
가지 마요! 이제 막
흥미진진해지려는데 그렇게
망쳐버리면 안 되죠.

프랑수아
도대체 뭐가 흥미진진하다는
건지. 난 버스를 타러
가야겠어요.

뤼시
저기요. 나 목말라요.
커피 한잔 사주세요.
바로 앞에 카페가 있네요.
그럼 두 사람이 다시 나오는 걸
볼 수도 있잖아요.
어서 가요!

프랑수아
그다음엔요?

뤼시
그다음엔 다시 두 사람을
따라가면 되죠. 그게 바로
탐정이 하는 일이잖아요.
난 5시에는 약속이 있어서
일어나봐야 해요.

카페, 4시 10분.
프랑수아와 뤼시는 카페로 들어가
건물의 입구를 감시할 수 있는 자리에
앉는다. 두 사람은 마실 것을 주문한다.

뤼시
당신의 가설은 뭔가요?

프랑수아
가설이라니? 난 그런 거 없어요.

뤼시
난 하나 있어요. 셜록 홈즈라면
어떻게 했을까요?

프랑수아
이건 소설이 아니에요. 현실과
소설은 아무 상관 없다고요.

뤼시
난 현실이 소설 같을 때가
좋아요. 자, 셜록 홈즈라면
어떻게 했을 것 같아요?

프랑수아
글쎄요. 우스꽝스러운
행동들을 했겠죠. 돋보기로 뭔가
들여다본다거나
지문을 채취하면서…

뤼시
이 경우엔 아니에요. 그저
추리를 했을 거예요.
나도 마찬가지예요. 추리를

ÉRIC ROHMER

48

해봤죠. 그리고 가설을
하나 세웠어요.

프랑수아
뭔데요?

뤼시
한번 찾아봐요.
추리를 해보라고요.

프랑수아
뭘 보고 추리를 해요?
그럴 만한 사실들이 없잖아요.

뤼시
사실이 없다니요? 뭐가 더
필요한 거예요? 충분하다고요.
첫 번째 사실,
두 사람은 여기 살지 않는다.

프랑수아
남자는 그렇다 쳐요.
하지만 여자는?

뤼시
그랬다면 왜 두 사람이 카페에서
약속을 잡고 만났겠어요?

프랑수아
정확히는 동역이었어요.
여자가 기차를 타고 온 것 같은
느낌이었고요.

뤼시
그럼 여자도 여기 살지
않는 거네요.

프랑수아
여행을 다녀온 걸 수도 있죠.

뤼시
짐가방도 없이요?

프랑수아
근교를 잠시 둘러보고
왔을 수도 있잖아요.

뤼시
그럼 남자가 왜 그녀를 카페에서
기다리고 있었겠어요?

프랑수아
안 될 이유가 있나요?

뤼시
네, 모든 건 가능하겠죠.
하지만 그런 방식으로는
추리가 안 돼요. 자, 지금
상황에서 뭔가 희한한 점이
있잖아요. 거기서부터
시작해야 해요. 놀랍지
않았어요?

프랑수아
희한한 점? 그게 뭐죠?

뤼시
다른 사람에게 밖에서 만나자고
약속을 해놓고, 그 사람과
함께 공원에서 한 시간을
기다린 후에 그 사람의 집으로
같이 가는 건 평범한 일이

아니라는 거죠. 내 말에 별로
설득된 것 같진 않네요?

프랑수아
남자가 여자에게 카페에서
만나자고 약속을 한 다음에,
일이 잘 풀리면 그녀를 자기
집으로 데려가거나 그녀의
집으로 같이 갈 수 있는 일이죠.

뤼시
그렇죠. 하지만 그 두 사람은
연인이 아니에요.

프랑수아
그걸 어떻게 알죠?

뤼시
보면 티가 나니까요.
두 사람은 서로 잘 아는
사이인 것 같았어요. 그리고
일에 대한 이야기를
나누었죠. 서로에게 서류를
보여주면서요. 내가 아까 사진을
찍으러 갔을 때 그 남자는
손목시계를 보더라고요.
두 사람은 약속 시간을
기다리는 것 같았어요. 그들이
건물 안으로 들어갔을 때
정확히 4시였던 거, 눈치
못 챘어요?

프랑수아
그래서요?

뤼시
자, 내 가설은 이거예요.
두 사람은 약속이 있었던
거예요. 업무 미팅이요.
전문가와 함께 말이에요.
그런데, 자, 내 얘길 잘
따라와요. 탐정님, 아까 건물
입주인 명단에서 뭐 본 것
없나요?

프랑수아
봤죠. 변호사 사무실이
있었잖아요.

뤼시
훌륭해요! 바로 그거예요.
두 사람은 변호사를 만나러
간 거라고요!

프랑수아
가능한 얘기죠.

뤼시
변호사가 가장 흔히 맡게 되는
일이 뭐죠? 바로 이혼이에요.
두 사람은 이혼을 하러 변호사를
만나러 간 거라고요!

프랑수아
아니, 너무 급하게 나가는데요.
그럴지도 모르죠.
하지만 변호사는 남편의
변호사이거나 부인의
변호사여야 해요. 같은

변호사에게 찾아가진
않는다고요.

뤼시

그건 모르죠. 합의 이혼일
수도 있잖아요. 우리 부모님도
그러셨죠. 꽤 흔한 일이에요…
지금 무슨 생각해요?

프랑수아

유부남이었다면 안이 나에게
말해줬을 거예요.

뤼시

확신해요? 어쩌면 저 남자가
자신이 유부남이란 걸 당신
여자친구에게도 말 안 했을 수
있잖아요.

프랑수아

그럴 수도 있겠네요. 저렇게
늘 여행을 다니는 남자는 아무
말이나 할 수 있을 테니.

뤼시

당신 애인이 당신에게 거짓말을
한다고는 생각 안 해요?

프랑수아

뭐 하러 거짓말을 하겠어요?
그녀는 그에 대해 항상 솔직하게
말해줬어요.

뤼시

어이가 없어서 웃음이 나네요!

여자들은 말이에요, 아무리
솔직한 여자라도 말하지 않는 게
있는 법이에요. 당신 여자친구는
그 남자를 다시 만났다고
당신에게 얘기하지 않았죠.
하지만 당신은 두 사람이 같이
있는 걸 봤잖아요. 자, 어때요?

프랑수아

아무것도 모르겠어요.

뤼시

어째서 '아무것도 모르겠다'는
거예요? 그녀가 거짓말한
거죠. 증명이 됐잖아요. 그녀는
거짓말을 한다고요.
내 가설 꽤 그럴듯하죠?

프랑수아

소설인데요.

뤼시

소설까진 아니죠. 만약
내 가설이 말도 안 되는
거였다면 당신은 신경 안 썼을
거예요. 하지만 지금 당신은
온통 그 생각뿐이잖아요. 있죠,
난 무척 재밌어요. 심지어
흥분된다고요! 사실 오늘 좀
우울했거든요. 하지만 덕분에
다시 기운이 났어요.

프랑수아

왜 우울했는데요?

뤼시
왜냐고요? 당신은 우울할 때
없어요? 뭐, 괜히 우울할 때가
있잖아요. 또 사실 그럴만한
이유도 있고요. 내게도 나름의
문제가 있을 수 있죠.

프랑수아
연애 문제?

뤼시
참 호기심이 많으시네요.
그건 그렇고, 이름이 뭐죠?

프랑수아
프랑수아. 그쪽은?

뤼시
뤼시. 우리 화해할까요?
자, 이제 기다려보죠.

두 사람 다 생각에 잠겨 말이 없다.
프랑수아는 누가 봐도 졸린 것 같다.
그의 눈꺼풀이 스르르 감긴다.
고개가 앞으로 기운다. 그는 그렇게
잠이 든다.

뤼시
이것 봐요!
프랑수아는 깜짝 놀라 깨어난다.
감시인이 그래서야 되겠어요?
그는 사방을 둘러본다.
잠든 지 10분이나 됐어요.
두 사람이 나갔어도 몰랐겠어요.
내가 여기 있었기에 망정이지!

프랑수아
커피를 마셔야겠어요.
그럼 잠이 좀 깨겠죠.

뤼시
이상한 게 있어요. 그 남자는
당신을 모른다면서 당신은
어떻게 그를 알죠?

프랑수아
안이랑 같이 걷고 있는 걸
길에서 봤으니까요.

뤼시
하지만 그를 제대로 볼 시간은
없었을 거 아니에요.

프랑수아
아뇨. 충분했어요. 그 남자가
워낙 내 여자친구에게 푹 빠져
있어서 난 찬찬히 그를 살펴볼
수 있었죠.

뤼시
염탐하는 걸 좋아하는군요?

프랑수아
그게 아니라, 어떤 사람인지
궁금했을 뿐이에요.
내 여자친구의 애인, 그러니까
전 애인이요… 그녀가 그 사람을
다시 만나지 않았으니.

뤼시
그녀가 그렇게 말했다는 거죠…

그런데 오늘 아침 두 사람이
같이 있는 걸 본 게 확실해요?
어디서요?

프랑수아
잠시 생각한 뒤에
이왕 이렇게 된 거, 그냥 다
얘기하죠. 난 나흘에 이틀 꼴로
우체국에서 야간근무를 해요.

뤼시
우체국에서요?
어느 우체국?

프랑수아
동역이요.

뤼시
동역이라고요?
와, 신기하네요.

프랑수아
잘 알아요?

뤼시
네, 네… 잘 알죠.
심지어는…

프랑수아
심지어는 뭐요?

뤼시
그러니까… 매일 아침
학교 갈 때 그 앞을 지나거든요.
우리 마주쳤을 수도
있겠는데요.

프랑수아
몇 시예요? 7시면 난 집에서
자고 있을 시간인걸요.

뤼시
아, 그렇군요…
자, 하던 얘기 계속 해봐요.
아까 뭐라고 하다 말았죠?

프랑수아
난 사람이 너무 착해요. 안이
자기 집 배관을 수리해야
한다고 해서 내가 수리공을
구해줬거든요. 우체국에서
같이 일하는 내 친구의 형이죠.
친구에게 2시 전에는 확답을
줘야 했어요. 그래서 문틈으로
메모를 남기려고 7시에
안의 집으로 간 거예요.

뤼시
매우 흥미진진해하면서
그래서 현장을 잡은 거예요?
그들이 자고 있었나요?

프랑수아
그런 건 아니에요. 8시에
두 사람이 집에서 나오는 걸
봤죠.

뤼시
그들은 당신을 못 보고요?

프랑수아
당연히 못 봤죠.

뤼시
세상에, 충격이 컸겠네요.
난 그런 건 싫어요.
그래서 어떻게 했어요?

프랑수아
아무것도. 두 사람은
멀리 있었어요.

뤼시
그럼 지금은요? 설마 그 남자를
죽이려는 건 아니죠? 그러는
사람들도 있잖아요…
난 당신이 오히려 당신 애인을…
없애버리고 싶어 하는 것
같은데요.

프랑수아
미쳤군요!

뤼시
누구예요? 당신 애인 아님
그 남자 중에?

프랑수아
아무도요!

뤼시
당신 애인이겠죠. 분명해요.
하지만 비겁한 짓이에요.
나라면 차라리 내 경쟁자를
죽이겠어요. 그게 더 명예롭죠.

프랑수아
누구도 죽이고 싶은 맘 없어요.

만약 그녀가 그 남잘 사랑한다면
다시 만나고 싶어 하는 마음은
충분히 이해할 수 있어요.
하지만 나에겐 그를 사랑하지
않는다 말했죠.

뤼시
그녀는 아무도 사랑하지
않으면서 모두를 사랑하는
거예요. 그런 여자들이 있어요.
난 안 그래요. 타협 없는
사람이죠. 모 아니면 도라고요.

프랑수아
나도 그래요.

뤼시
아니, 당신은 아니죠!
지금 그 남자를 감수하고
있잖아요.

프랑수아
아니에요! 그를 받아들인 게.
난 두 사람이 헤어졌다고
생각했어요. 그렇지 않았다면
그녀와 만날 생각도 하지
않았을 거라고요.

뤼시
그녀가 당신 둘을 놓고 선택하고
싶지 않아 하는 거라면?

프랑수아
두고 봐야겠죠. 아직 모든 게
결정된 건 아니니.

프랑수아는 휘파람을 불며
생각에 잠긴다. 뤼시가 그 멜로디에
맞춰 흥얼거린다.

뤼시
가엾은 프랑수아, 애만 태우네.
그의 애인이 그를 버렸다네.
비행사에게 가버렸지.
이를 어쩌면 좋을지!

프랑수아
그만해요!

뤼시
귀엽잖아요. 운도 잘 맞고.
난 시에 재능이 있다니까요…
있잖아요, 내가 당신이라면
난 그 여잔 별로일 것 같아요.
나 같으면 이별을 고하겠어요.
어쨌든 그녀가 더는 당신을
원하지 않는다면 그녀를
다시 만날 희망 같은 건
접어요. 어차피 결정은 여자가
하는 거니까요.

프랑수아
그렇지 않아요!

뤼시
맞아요!

프랑수아
그녀를 선택한 건 나예요.
그녀가 아니라. 내가 그녀의
눈에 띄기 전에, 그녀가

내 눈에 띈 거라고요.

뤼시
그럼 모든 남자들이 자기 눈에
띄는 모든 여자들을 만날 수
있다는 건가요? 그녀가 당신을
선택했기 때문에 사귈 수
있던 거라고요! 그녀의 애인은
여행 중이니 당신을 대타로
만나는 거죠. 내 말이 좀
가혹한가요?

프랑수아
그녀를 선택한 건 나라니까.
선택당하는 건 싫다고요.

뤼시
익숙해져야 할걸요. 여자들은
자기가 뭘 원하는지 아니까.

프랑수아
안은 자기가 원하는 걸
아는 것 같지 않던데.

뤼시
아뇨, 잘 알 거예요. 굳이 그러지
않는 것뿐이라고요. 어쨌든
그녀는 자신이 더는 당신을
원하지 않는다는 사실을 알아요.

프랑수아
화를 내며
도대체 뭘 안다고 그런
소릴 해요? 그녀를 알지도
못하잖아요. 난 당신에게 내가

하고 싶은 말만 한 거라고요.
우리의 불화는 피상적인
현상에 불과해요. 우리 사이엔
훨씬 깊은 뭔가가 있다고요.

뤼시
사실 그녀는 그 남자를
사랑하는 거예요. 난 확신해요.

프랑수아
아뇨! 안은 그 남잘
사랑하지 않아요.

뤼시
그녀가 사랑하지 않는 건
당신이에요.

프랑수아
말도 안 되는 소리
집어치워요!

뤼시
그 얘길 꺼낸 건 당신이라고요!

프랑수아
지금 그 반대라고
말하고 있잖아요!

뤼시
화내지 마요. 당신을 좀
골려보고 싶어 그랬어요.
농담이라고요. 어쨌든
그녀가 당신을 사랑하는 것
같네요. 심지어 잘 어울리는
커플도 제 눈엔 곧이곧대로

안 보이거든요. 아마 당신
커플은 그럴 수도 있죠…
그녀는 손목시계를 본다.
이제 가봐야겠네요.

프랑수아
어디로 가요?

뤼시
지하철을 탈 거예요.
뤼시가 일어선다.

프랑수아
데려다줄게요.

뤼시
아뇨. 그냥 여기 있어요.
두 사람이 금방이라도 나올지
모르잖아요. 지금 자리를
뜨는 건 어리석은 일이죠.

프랑수아
난 이제 그들을 뒤쫓지
않을 거예요.

뤼시
안 돼요!

프랑수아
그들이 내 존잴 눈치챘잖아요.

뤼시
아니라니까!

프랑수아
두 사람이 따로 가면 어쩌죠?

뤼시
그럼 두 명이 필요하겠지만,
전 지금 할머니 댁에 가봐야
해서요. 할머니가 저녁을
일찍 드시기 때문에 지금
출발해야 돼요. 한 가지
걸리는 건, 내 가설이 맞는지
확인을 못 하고 간다는
거예요. 맞는지 틀리는지
증명해줄 일이 분명 생길 텐데.
내 주소를 알려줄게요. 결과를
알려줄래요?

프랑수아
아무 일도 생기지 않을 거예요.

뤼시
그럼 그렇다고 알려주면
되잖아요. 내 전화번호는
알려주지 않을게요.
엄마가 싫어할 거라서.
혹시 종이 있어요?

프랑수아
아니요. 아, 있어요!
그는 가방에서 아침에 산
엽서를 꺼낸다.

뤼시
주소를 적어줄게요.
뤼시는 아래와 같이 주소를 쓴다.

"파리, 75010, 베르됭 거리, 15번지,
뤼시 라발레트."

프랑수아
베르됭 거리 15번지?
여긴 내가 일하는 곳 근처인데.

뤼시
그럼 이 엽서를 그냥
우리 집 우체통에 넣어줘요.
그럼 우표 값을 아낄 수
있잖아요. 잊지 말고 꼭
알려줘요. 알겠죠? 내 도움에
대한 최소한의 보답이라
생각하고. 그럼 갈게요.
잠들면 안 돼요!

뤼시는 프랑수아에게 손키스를
보내고 밖으로 나간다. 그녀가
떠나자 프랑수아는 엽서를 가방에
챙겨 넣는다. 그리고 일어나려는데
크리스티앙과 금발 여자가 건물 밖으로
나오는 것이 보인다. 그는 두 사람을
유심히 지켜본다. 그들은 차도 가까이
나와 잠시 기다린다. 잠시 후 그들이
전화로 미리 부른 택시가 도착한다.

안의 사무실, 5시 15분.
안은 통화 중이다.

안
세르주?

카레르의 목소리
안, 나예요.
어떻게 지냈어요?

안
잘 지냈어요. 오후 내내
당신과 연락이 안 되더라고요…
전화했는데 계속 자리에
없던데요.

카레르의 목소리
맞아요.
오늘 정말 바빴거든요.

안
오늘 저녁 약속 때문에
전화했어요. 제가 좀
피곤해서요…

카레르의 목소리
어디 아픈 건 아니고요?

안
아뇨. 아픈 게 아니라
피곤해서요. 제가 휴가 갔을 때
임시로 온 분이 서류 정리를
엉망으로 해놨더라고요.
뭘 찾느라 오후 내내 진을
뺐어요.

카레르의 목소리
당신은 일에 너무 엄격하다고
내가 늘 말했잖아요.

안
그래야 마땅하죠.

카레르의 목소리
그냥 나와요! 오히려

기분 전환이 될 거예요.

안
음…

카레르의 목소리
나올 거죠?

안
음, 알았어요. 기분 전환이
되겠죠. 하지만 정말 피곤해서
먼저 좀 쉬어야겠어요. 그럼
8시 30분에 만나도 될까요?

카레르의 목소리
그렇담 공연 끝나고 마저
볼까요? 얘기할 시간이
없을 것 같아서요.

안
오늘은 별로 얘기하고
싶지가 않네요.

카레르의 목소리
좋아요. 그렇게 하시죠.
그럼 이따 만나요!

안
네, 이따 뵙죠.
안은 전화를 끊고 거울을
바라본다. 조금 뒤 막 사무실로
들어오는 동료에게
나 오늘 미용실 다녀온 것
같니? 정말 이해가 안 돼.
다른 여자들은 미용실만

다녀오면 엄청 예뻐 보이던데,
난 가든 안 가든 늘 똑같이
이 모양인 건지!

동료
그럼 적어도 미용실에 막 다녀온
여자처럼은 안 보일 거 아냐!

안
아, 그거야 그렇지!

동료
그럼, 난 가볼게.

안
이제 밖에 비 안 오지?

동료
응. 그쳤어.
안녕, 월요일에 봐!

안
잘 가.

두 사람은 가방을 챙겨
사무실을 나간다.

———

거리, 버스, 5시 30분.
안은 버스를 기다린다. 촐싹대는
스타일의 목청 큰 남자(메르시야)가
다가온다. 안은 그와 그다지
대화를 나누고 싶지 않다.

메르시야
안! 진짜 반갑다! 잘 지내?

안
응, 잘 지내.

메르시야
너 곧 결혼한다면서?

안
무슨 말도 안 되는 소리야.

메르시야
다 알고 있다고. 사람들이
말해줬어. 상대가 잘나가는
비행사라며. 난 네가 비행사랑
결혼하는 거 찬성이야. 왜냐면
그럼 내가 널 보러 가서…

버스가 도착한다. 안이 버스에 오르고
메르시야가 뒤따라 탄다.

———

안의 방, 6시.
안이 집으로 돌아온다. 그녀는
신발과 치마, 니트를 차례로 벗는다.
속옷 차림의 안은 침대보를 걷고
침대 가장자리에 앉아 7시 30분
알람을 맞춘다. 벽에 붙어 있던
크리스티앙과의 사진을 떼어낸 뒤
침대에 눕지만 잠이 오지 않는다.
그때 누군가 문을 두드린다.

안
누구세요?

프랑수아
나야.

안
세상에! 너 이럼 안 되지.
안은 일어나 문을 열러 간다.
집에 없을 거라고
얘기했잖아!

프랑수아
하지만 있잖아.

안
그래. 그치만 쉬는 중이라고.

프랑수아
그럼 갈게.

안
됐어, 기왕 왔으니 그냥 들어와.

프랑수아는 방 안으로 들어오고,
안은 다시 침대로 간다.

프랑수아
금방 갈 거야. 설마 내가 널
죽이러 왔겠니. 네 생각과
달리 난 질투하지 않는다고
말하고 싶었어. 네가 그 남잘
좋아한다면 아직 애정이 남아
있을 수 있다고 생각해.

안
가엾은 프랑수아…
내가 너에게 크리스티앙이…

프랑수아
크리스티앙 얘기가 아니야.
오늘 아침 나를 대한 방식이

문제라고. 어쨌든 넘어가.
난 그 얘길 하러 온 게 아니야.
프랑수아가 그녀 곁에 앉으려고 한다.

안
침대에는 앉지 마! 나한테
할 말 있으면 떨어져서 해.
할 얘기가 대체 뭔데?

프랑수아
대체 뭐냐고? 누가 보면 내가
널 모욕이라도 하는 줄 알겠다.

안
모욕하는 건 아니라도
짜증나게 하고 있어.
난 지금 네가 칭얼대는 거
들어주고 싶은 맘 없다고.

프랑수아
칭얼대는 게 아니야.

안
맞아.

프랑수아
그럼 그냥 갈게.

안
그래, 가라고.
사람을 좀 배려할 줄 알란
말이야. 외출하기 전에
난 조금이라도 쉬고 싶어.

프랑수아
눈 붙이려고?

안
아니. 난 잠이 아니라
휴식이 필요해.
신경이 곤두서 있거든.
미안해. 그리고 너도 신경이
곤두선 것 같네.
우린 월요일에 보자.

프랑수아
내일 아침에 너 출발하기 전에
다시 들를게.

안
그러지 마. 넌 좀
자야 돼. 오늘 아침에도
못 잔 모양인데.

프랑수아
어떻게 알아?

안
보면 알지.

프랑수아
내일 그냥 파리에 있어.

안
엄마 보러 가는 거
잘 알면서 그래.

프랑수아
이번만 가지 마!

안
안 돼.

프랑수아
만약 네가 결혼을 했어도
갔을까?

안
그럼, 당연하지.

프랑수아
혼자 아님 남편이랑?

안
난 결혼하지 않았어.
할 생각도 없고.
자, 그럼 월요일에 봐.

프랑수아
그래…
프랑수아는 문손잡이를 잡지만,
문을 열기 전 망설인다.
어쨌든 계속 이러진 않을 거야.
주간 근무로 바꿀 거거든.

안
그래?

프랑수아
다음 주에 근무 팀을 새로 짠대.

안
그럼 수업은 어쩌고?

프랑수아
수업이야, 뭐! 최소한 널
만날 순 있게 되잖아.

안은 일어나 침대에 앉는다.

안
그런 얘길 꺼내려면
다른 때를 골랐어야지. 지금 날
도발하려고 이러는 거면
널 다신 만나지 않겠어.

프랑수아
침대로 다가오며
그럼 내가 계속 이렇게 살 줄
알았어? 이건 사는 게 아니라고!

안
아니. 너한텐 그게 사는 거야.
난 너와 네 학업에 책임감을
느끼고 있어. 네가 학업을
포기한다면, 경고하는데,
다신 널 안 볼 거야.

프랑수아
그건 협박인데.

안
아니. 협박하는 건 너야.
지금 그 협박, 진지한 게 아니길
바랄게. 그리고 제발 갈 거면
가고 아님 그냥 있든지 해.
너 그렇게 위에서 내려다보는 거
싫어. 얼마나 거슬리는지
아냐고!

프랑수아는 다시 문 쪽으로 간다.

프랑수아
그래, 갈게.

프랑수아가 뒤돌아 그녀에게 미소
짓는다. 안도 살짝 미소 지으며 그에게
손키스를 보낸다. 프랑수아가 침대로
다가와 그 위에 무릎으로 앉는다.

안
침대에 앉지 말랬잖아!

프랑수아
그래도 키스는 하고
갈 수 있잖아!

안
이미 골백번도 더 했잖아!
나 한번 마음 약해지기 시작하면
끝도 없을 거라고. 나 오늘
기분이 말이 아냐. 이해해줘.

프랑수아는 다시 걸어 나간다.

프랑수아
너의 해명을 들을 자격이
내게 있다는 걸 너도
인정해줘야 할 거 아냐.

안
무슨 해명? 날 감시한 주제에
나한테서 해명을 들어야
한다는 거야? 너한테 할 해명
같은 거 없어. 난 네 아내도
아니고, 설령 아내라 해도
그럴 마음 추호도 없어.
난 그 누구에게도 해명할
필요가 없다고. 난 내가
좋아하는 사람을 언제든 내 방에

들어오게 할 권리가 있어.
넌 오늘 아침 말도 안 되는
시간에 우리 집에 찾아온 데다,
내가 싫어할 걸 뻔히 알면서도
사무실에 전화했지.
게다가 식당에 죽상을 하고
나타나서는 미용실 예약
시간에도 늦게 만들더니,
이제는 간신히 좀
쉬어보려는데, 보라고, 이렇게
또 찾아왔잖아!

프랑수아
내 얘기 좀 들어봐, 안!

안
다른 사람 생각 좀 하란
말이야! 너에게만 문제가
있는 게 아니라고. 누가 보면
네가 세상의 중심인 줄 알겠어!
넌 항상 네가 모든 걸 결정하고
싶어 하지. 제발 숨 좀 쉬자!
날 사랑한다면서 고작 네가
나에게 어떻게 하는지
좀 보라고!

프랑수아
아까 점심에 네가 내 말을
좀 들어줬더라면 지금 이렇게
찾아오지도 않았을 거야!

안
그럼 말해! 여기 와서도 결국
아무 말도 제대로 안 했잖아.

프랑수아
했어. 널 사랑한다고.
그리고 날 대하는 너의 태도
때문에 매우 슬프다고.

안
내 태도에 잘못된 건 하나밖에
없어. 단호하지 못했던 것
말야. 널 여기 들어오게 하지
말았어야 했는데!

프랑수아
난 널 사랑한다고 말하는데,
넌 빈정대며 날 비난하는구나.
조금이라도 내 생각을 좀
해달란 말이야!

안
너야말로 내 생각을 좀 하라고.
이렇게 난리를 치면서 도대체
어떻게 나랑 잘해보겠다는
건데? 네 그런 행동은 널 가장
좋게 생각하는 사람에게 오히려
반감만 불러일으킬 뿐이야.
넌 정말 웃기는 애라고…

프랑수아
내 얘길 좀 들어봐, 안!

안
무슨 얘길 들으라는 거야?

프랑수아
내가 이렇게 구는 건 너무나
당연한 거잖아…

안
아냐, 아니라고!
네가 아무것도 아닌 일로
이 난리를 치는 건
당연한 게 아냐!

프랑수아
아무것도 아니라고?
정말 그렇게 생각해?

안
그래, 네 말이 맞아.
네가 이러는 걸 보니 아무것도
아닌 게 아닌 모양이야.

프랑수아
내 말 좀 들어봐…

안
내 말 좀 들어봐, 들어봐,
넌 이 말밖에 못해?
프랑수아가 침대로 와서 몸을 숙인다.
안은 그에게 물러나라는 손짓을 한다.
싫어, 네 말 안 들을 거야.
내가 왜 네 바보 같은 얘길
들어야 돼?
프랑수아는 침대 위에 무릎을
꿇으려고 한다.
저리 꺼지라고!
안이 프랑수아를 때린다. 프랑수아는
안의 한쪽 손목을 잡고 다른 쪽도
잡으려 한다. 짧은 몸싸움이 벌어진다.
아야! 아야! 이거 놔!

프랑수아
그러니까 내 말 좀 들으란 말야!

안은 잡혀 있던 손목을 뺀다.

안
팔꿈치를 문지르며
진짜 아프잖아.
프랑수아가 다시 다가오자
안은 그를 손짓으로 멈춰 세운다.
그냥 둬. 내가 알아서 할게.
아까 그냥 네가 바로 갔어야
했어. 이제 얼른 가서 저녁 먹고
얌전히 일하러 가…
나 말고 지금 네 상황이나
생각하란 말이야.

프랑수아
그렇게. 어쨌든 계속 이렇게
살 순 없어. 너에게나 나에게나
해로울 뿐이야.

안
그래, 프랑수아. 조금이라도
널 위해 살도록 노력해봐.
날 위해… 아냐, 심지어 나도
아니지. 우리 관계를 두고 네가
만들어낸 말도 안 되는 생각에
매달려 살지 말고.

프랑수아
난 너랑 같이 있고 싶어.
그래서 우리가 만날 수 있게
해보려는 거야. 내가 계속

야간 근무를 하면 그 시간에 넌
네가 원하는 대로 네가 원하는
사람들을 만나겠지.
그럼 우린 계속 못 보고
지낼 테고. 하지만 내가 근무
시간을 바꾸면, 그게 무슨
큰일도 아니잖아, 우린 정상적인
커플처럼 살 수 있어.

안
우린 매우 정상적이야.
우리의 다툼도 지극히 정상적인
일이라고.

프랑수아
정상적인 커플이라면
같이 살아야지.

안
당치도 않은 소리 마.
잘 알면서 그래.

프랑수아
어째서?

안
여자랑 같이 살고 싶으면
다른 사람을 찾아봐, 프랑수아.
난 아니야. 이미 난 남자랑
3년 동안 살아봤어.
이제 그렇게 못 해.

프랑수아
그럼 언제 그럴 수 있는데?

안
몰라.
아마 평생 못 할 거야.

프랑수아
평생 결혼 안 할 거야?

안
그럴 계획 없어. 게다가
결혼한다 하더라도 꼭 같이
살아야 하는 건 아니야.

프랑수아
같이 살아야지!

안
아니야.

프랑수아
부부가 같이 사는 건
법이 정한 일이야.

안
흥, 법이라… 남편이랑 같이
살고 싶어 하지 않는다고 해서
누구도 날 감옥에 보내지
않는다고!

프랑수아
남편과 합의가 필요하겠지.
그렇지 않다면
이혼으로 가는 거야.

안
난 나와 생각이 같은 사람을
만날 거야.

프랑수아
그럼 아주 부자여야겠네.

안
왜 부자여야 하지? 큰 아파트
한 채는 작은 아파트 두 채
값이잖아. 나한테 맞는 크기가
중요한 거야. 내가 이 방을
찾은 건 정말 행운이지. 여기가
정말 좋아. 아직 정리를
다 끝낸 상태는 아니지만,
맹세하는데 부자 동네에 있는
방 다섯 개짜리 집에서 남자랑
사느니 난 이 방에서 계속
혼자 살 거야.

프랑수아
네가 그 사람을 사랑해도?

안
내가 그를 사랑하든 아니든
그건 상관없는 문제야.

프랑수아
상관있지!

안
나한텐 아니야. 사랑은 같이
사는 걸 의미하지 않는다고.
난 같이 사는 게 싫어. 귀찮게
달라붙는 건 질색이야!
근데 나 좀 봐, 세상에서 나에게
제일 매달리는 남자를 만나고
있다니 말야! 어이가 없어서

웃음이 나올 지경이야…
이 한심한 프랑수아!

프랑수아
내가 오늘 너한테 귀찮게
매달린 건 사실이야.
하지만 우린 아예 보지 못하는
날도 많잖아.

안
난 그게 좋아. 난 내가 좋아하는
사람들을 가끔씩만 만나.
자주 못 봐야 애틋한 마음이
커지는 법이니까.

프랑수아
그런 거라면 이제 우린 아예
만나지 말아야겠네!

안
네가 알아야 할 게 있어.
만약 네가 매일 밤 시간이
있었다면 우린 진작에
헤어졌을 거야. 내가 아는
너라면 분명 넌 우리 집에서
살고 싶어 했을 텐데,
그건 불가능하니까. 네가 가끔씩
오기 때문에 난 널 견딜 수
있는 거야. 어쨌든 기뻐해.
이 침대에 들어온 건
너 하나뿐이니까.

프랑수아
나 하나뿐이라고?

안
그래. 크리스티앙과는 늘
그가 묵는 호텔로 갔었어.

프랑수아
넌 내가 널 염탐한 거라고
말하겠지만, 어젯밤엔…

안
이봐, 염탐을 할 거면 제대로
하란 말이야. 넌 크리스티앙이
나가는 건 봤지만 들어오는 건
못 봤잖아. 그 사람은 아침
7시에 날 보러 왔다고.

프랑수아
7시? 그 남자 제정신이야?

안
너도 그때 왔잖아. 안 그래?

프랑수아
그래. 하지만 난 쪽지를
남기려고 왔던 거야.

안
그 사람도 마찬가지였어.
내게 쪽지를 남기러 왔었지.
그러고 가려는데 문가에서
소리가 났고, 그 소리에 내가
깬 거야. 그래서 내가 그를
붙잡았어. 우린 같이 아침을
먹었지. 그가 빨리 출근하라고
날 채근하더라. 내가 늦는 걸
바라지 않았거든.

프랑수아
매일 그렇게 널 찾아오겠다고
약속하든? 그럼 차라도
한 대 끌고 와야겠네!

안
바보 같은 소리 좀 그만해!

프랑수아
오늘 저녁에 그 남자 만나?

안
아니. 그 사람은 프랑크푸르트로
다시 떠났어.

프랑수아
언제?

안
오후에.

프랑수아
잠시 생각한 후에
그럼 언제 또 만날 건데?
안은 대답하지 않고
빈정대는 눈빛으로 프랑수아를
뚫어져라 쳐다본다. 프랑수아가
어깨를 들썩이며 말한다.
그래, 말하고 싶지 않으면
말하지 마.

안
넌 정말 한심해, 프랑수아.
넌 하찮은 네 생각과
하찮은 네 질투심과 하찮은

네 문제들에 틀어박혀서
나에게도 문제가 있겠다는
생각조차 못 하는구나.
넌 슬프고 심란하고 화나
보여. 하지만 이건 네게
전혀 심각한 일이 아니야.
네 착한 애인은 널 배신한 적
없다고. 얌전히 자기 침대에서
잠들어 있었지. 오히려 울고
싶은 건 그녀야. 그녀는 지금
무척 슬퍼. 하지만 넌 그녀를
위로하기는커녕 모욕하고 있지!
그렇게 사랑한다면서!

프랑수아
말해봐. 그 남자가 네게
뭘 어쩐 거야?

안
내게 영원한 작별을 고했어.

프랑수아
널 버린 거야?

안
그래. 자기 아내에게 갔어.

프랑수아
유부남이란 얘기 없었잖아.

안
중요하지 않으니까.
어쨌든 난 그렇게 생각했어.
별거 중이라고 했거든. 그런데
아내가 임신을 했대.

프랑수아
언제?

안
그게 뭐가 중요해? 넌 왜 늘
그런 질문을 던지는 건지.

프랑수아
그래서 이젠 널 안 보겠대?

안
너도 그렇게 될걸. 세 달 동안
말도 없이 사라졌다가 고작
그런 얘길 하려고 아침 7시에
날 찾아오다니 정말 싫어.
거기에 너까지 찾아와서
무작정 난리를 치는 것도 싫어.
심지어 퇴근길에는 머저리 같은
메르시야를 만났는데, 집까지
버스를 타고 오는 내내 귀가
아프도록 헛소리를 들어야만
했지. 그리고 오늘 저녁에는
카레르를 만나러 나가야 하는데,
난 도대체 왜 거절을 못 한 걸까?
아, 난 너무 물러 터져서 문제야.
아무도 내게 강요하지
않은 일을 하며 내 시간을
다 쓰고 있다고. 넌 이런 내가
우습지 않아?
안은 신경질적인 웃음을 터뜨리다
이내 눈물을 흘린다.
아, 잠시라도 혼자 있고 싶어.
날 좀 내버려둬!

프랑수아는 말없이 문 앞으로 가서
손잡이를 잡는다. 문이 열리는 소리가
나자 안은 다시 고개를 든다.
프랑수아! 가지 마! 여기 있어!
프랑수아가 침대로 와서 앉자
안은 그에게 기댄다. 안은 그의 어깨에
얼굴을 묻고 눈물을 쏟는다.
울고 싶어. 그냥 이렇게
울게 둬. 신경성이야. 슬픈 게
아니라고. 이리 와.

프랑수아는 안의 손을 잡는다.
안은 그를 가까이 끌어당긴다.
프랑수아는 안의 무릎을 어루만진다.

프랑수아
너 이러다 약속도
못 나가겠어.

안
약속 따윈 상관없어.
어쨌거나 7시 반에 알람은
맞춰뒀어.

프랑수아
내가 너랑 같이 있을게.

안
그게 무슨 소리야!

프랑수아
아프다고 연락하면 돼.

안
몸을 일으키며

바보 같은 짓 하지 마.
그리고 갑자기 약속을
취소할 순 없어. 카레르가 엄청
재밌는 사람은 아니지만 그래도
성가시게 굴지는 않아.
왜 나에게 항상 데이트 신청을
하는 건지 궁금하기도 해.

프랑수아
예쁜 여자랑 같이 있는 모습을
보여주고 싶나 보지.

안
누구한테? 다른 사람이랑
같이 만나는 것도 아냐.

프랑수아
그럼 넌? 넌 왜 그 사람이랑
외출하는데? 그가 데이트
신청을 하니까?

안
나한테 데이트 신청하는
모든 남자랑 외출을 하면 어떻게
되겠니! 그런 게 아니라 가끔은
그런 캐주얼한 데이트를 하는 게
좋아. 딱히 나에게 구애하지
않는 남자를 만나는 거.

프랑수아
어떻게 보면 그 사람에게도
마찬가지겠지. 그러니까
내 말은, 그 남자가 좋다고
쫓아다니는 여자는 많지

않을 거 아냐. 그러니 너랑
만나면 어떻겠어.

안
내가 그 사람에게 주는 건
정말 아무것도 없어.

프랑수아
네가 만나주잖아. 딱히
매력적이지 않은 사람에겐
너랑 같이 있다는 자체가
이미 큰 거야. 대단한 일이라고.
질투 날 만큼.

안
너 그러다 내 치과의사도
질투하겠다! 안심해.
난 치과엔 절대 가지
않았으니까.
안은 이를 보이며 활짝 웃는다.
남성 편력이 어마어마하지.
안 그래?

프랑수아
아, 전혀 그렇지 않아!

안은 프랑수아의 뺨에
여러 번 입 맞춘다.

안
프랑수아, 넌 정말 귀엽다니까!
내가 왜 그렇게 너에게
못되게 굴었는지 모르겠어.
하지만 그 덕에 내가 좀
진정이 된 것 같아.

프랑수아
다행이네!

안
그리고 크리스티앙과는
이제 완전히 끝났어!

프랑수아
단정적 어조로
그 사람 사랑해?

안
아니.

프랑수아
그럼 사랑했어?

안
아니, 그렇지도 않았어.

프랑수아
아냐, 사랑했겠지.
그건 네 권리잖아.

안
내 권리라니,
그런 말 듣기 싫어. 모든 게
내 권리란 말야.
네가 내 권리인지 아닌지
판단할 순 없는 거라고. 난 그를
사랑했어. 말도 안 되는
생각을 했었지. 그가 어느 날
백마 탄 왕자님처럼 찾아와
날 데려가는 상상을 했거든.
사실은 믿지도 않으면서,

그걸 진정으로 원하지도
않으면서, 그냥 그런 생각을
품고 있었어. 네가 슬퍼하는 거
이해해. 왜냐면 나도 그렇거든.
　그런데 오늘 아침 그가
찾아온 거야. 내가 꿈꿔왔던
모습 그대로. 문 아래로 쪽지를
남기며 나타났지. 그렇게
꿈은 이어졌어. 그가 실제로
내 눈 앞에 나타난 채로.
하지만 그렇게 찾아와 결국
내게 한 말은 "난 내 아내를
사랑해."였어.

프랑수아는 다시 일어난다.

프랑수아
이해가 안 돼. 왜 그 남자는
사라졌다가 3개월 만에야
나타나서 그런 말을 한 거야?

안
모르겠어. 화해하는 데
시간이 걸렸겠지. 게다가
담당 노선이 바뀌어서 파리로
올 일이 없었거든. 한 달 뒤에
원래 노선을 다시 맡을 거래.
아내는 여기로 와서 살고.
같은 도시에 두 명의 여자를
둘 순 없는 거야… 있지,
그 여자 엄청 미인이야.

프랑수아
그 사람 아내? 그녀를 알아?

안
그건 아니지만 사진이 있어.

프랑수아
보여줘.

안은 일어나 서랍에서 사진 한 장을
꺼낸다. 사진에는 크리스티앙과
두 여자 그리고 한 남자가 더 보인다.
두 여자 중 한 명은 뷔트쇼몽 공원에서
크리스티앙과 함께 있던
금발 여자가 분명하다.

안
내가 그 사람한테 거의
뺏어오다시피 한 사진이야.
왜 그렇게 사진을 안 주려고
했는지 이해가 안 됐거든.
근데 오늘 아침 이 여자가
자기 아내라고 고백하더라.
오른쪽에 있는 여자야.

프랑수아
사진을 유심히 바라보며
너랑 정반대 스타일이네.

안
그래 보여?

프랑수아
응. 네가 금발로 염색을 한대도.

안
아냐, 그 사람 오른쪽 여자가
아니라 사진 맨 오른쪽 여자야.

프랑수아
녹색 옷 입은?

안
응.

프랑수아
그럼 이 금발 여잔 누구야?

안
나야 모르지.

프랑수아
녹색 옷 입은 여자가 확실해?

안
당연하지. 근데 왜 그런 질문을 하는 거야? 경찰 흉내를 내는 거야? 근데 제대로 하는 것 같진 않네. 늘 헛다리를 짚잖아!

프랑수아
어쨌든 그 남잔 아무 말이나 지어낼 수 있는 거니까. 너로선 확인할 방법도 없고.

안
그가 나를 떠난 마당에 그런 게 다 무슨 소용이야? 사실 날 떠나는 이유는 중요하지 않아. 내가 그를 원망하는 건 늘 내 마음을 아프게 하는 그 방식이야. 그는 배려심도 없이 너무 노골적으로 얘길 하지. 그냥 오직 날 위해서

온 거라고 말해줄 수도 있잖아. 나에게 얘길 해주러 온 거라고… 근데 그 남잔 또 얘길 지어내면서… 어쨌든 그 사람이 뭐라고 했냐면, 소송 때문에 왔대. 유산 때문에 여동생이랑 소송을 한다나.

프랑수아
여동생을 상대로 소송을 걸었대?

안
아니. 여동생이랑 같이. 상대는 누군지 모르고. 근데 그건 왜 물어? 관심 있어?

프랑수아
아니, 그냥 물어봤어.

둘 다 아무 말이 없다. 프랑수아는 생각에 잠긴다. 안은 그런 그의 얼굴을 뚫어져라 바라본다.

안
무슨 생각을 그렇게 해?

프랑수아
아무 생각도 안 해.

안
아냐. 뭔가 생각하는 게 분명해. 생각에 푹 빠져 있잖아!

프랑수아
별거 아냐.

안
그게 뭔데?

프랑수아
아무것도 아냐. 넌 아무 생각도
안 할 때 없어?

안
없어. 난 항상 무언가를 생각해.

프랑수아
그래. 하지만 아무것도 아닌 걸
생각하는 때는 있잖아.

안
어서! 도대체 뭐냐니까?

프랑수아
왜 이렇게 성가시게 구는 거야!
뭔가를 말로 내뱉고 나면,
있지도 않던 중요성이 생기잖아.
정말 별거 아니라니까.
음, 그러니까 오늘 오후에…

안
오후에 뭐?

프랑수아
잠을 잘 수가 없었어.
그래서 산책을 했지…

안
그래서? 빨리 말해봐!

프랑수아
별거 없어. 그냥 그러다

이런저런 생각을 했다고…
그 남자 생각도 하고…
네 생각도 했지. 혼자 소설을
쓰면서.

안
내가 그와 함께 남쪽 바다로
떠나는 그런 얘기?

프랑수아
맞아. 그런 유의 얘기야.

안
그리고 또?

프랑수아
없어. 다 잊어버렸어.

침묵이 흐른다.
안이 그를 유심히 바라본다.

안
정말이야?

프랑수아
그렇다니까. 뭐 그런 생각들
있잖아… 울적할 때나 질투를
느낄 때 하는 그런 생각들.

안
넌 지금 내 질문을 피하고 있어.
아까 뭔가 말하려다 말았잖아.
도대체 뭐길래?

프랑수아
정말 알고 싶어?

안
응, 알고 싶어. 말해봐.

프랑수아
아까 뷔트쇼몽 공원에
갔었어. 거기서 어떤 여자에게
다가가 말을 걸었지.

안
어머나. 너 시간 낭비는
안 하는구나! 놀라운 얘긴데?
사람들은 여자들보고
가식적이라 하지만,
남자들은 어떻고? 그래놓고
내가 널 버렸다며
내 품에 안겨 울다니!

프랑수아
사실 내가 그 여자에게
접근한 건 아니야.
오히려 그 여자가 그랬다고
봐야지. 내가 자길
따라왔다고 생각하더라니까.

안
따라간 게 아니고?

프랑수아
당연히 아니지. 여자를
쫓아가는 건 오늘 오후
내 상태로는 상상도 할 수
없는 일이었다고.

안
왜? 나랑 헤어져도 세상에

널린 게 여잔데!

프랑수아
아냐. 난 그 반대의
생각을 했어. 내가 관심 있는
여잔 너 하나뿐이라고.

안
그래도 그 여자랑
얘길 나누는 덴 아무 지장
없었구나!

프랑수아
그건…

안
그 여자 예뻤어?

프랑수아
음, 글쎄.

안
그 반응은 뭔데? 말해봐.
못생겼는지 예쁜지도
모르겠다는 말은
할 생각도 말고!

프랑수아
어린애였어. 겨우
열다섯이었다고. 수업을
빼먹었대. 예쁘다기보다는
재밌는 애였어.

안
재밌었다 이거지!
난 재미없잖아. 너한테 나이가

너무 많으니까…
그럼 나 말고 다른 여잘
찾아봐. 가서 그 여자앨 다시
만나든지.

프랑수아
걔한테 관심 없어!

안
있을걸…
다시 만나기로 했니?

프랑수아
아니.

안
그래도 전화번호는
받아왔을 거 아냐.

프랑수아
그것도 아냐…
주소만 받아왔어.

안
아, 편지를 쓰려고?

프랑수아
아니야! 너 미쳤구나!
지금 질투하는 거야?

안
내가? 질투를?
나한테 질투심을 유발할
작정이라면 넌 지금
잘못된 방법을 택한 거야.

프랑수아
설마 내가 너한테 솔직히
얘기한 걸 가지고 날
비난하려는 건 아니지?
그 여자앤 내게 아무것도
아니야. 너한테 그 여자
얘길 할 필요도 없었고. 아까
오후에 내 기분이… 기분이
너무 별로여서 대화 상대가
필요했던 것뿐이야. 대화를
나누고 나니 진정이 좀 됐고.

안
둘이 무슨 대화를 나눴는데?

프랑수아
별 얘기 안 했어.
그냥 이런저런 얘기.

안
둘이 날씨 얘기나
했다는 거야?

프랑수아
그래도 그건 아니겠지.

안
사랑 얘기?

프랑수아
아냐. 그냥 일반적인 얘기였어.

안
그래서? 그 여자애가
너한테 뭐랬는데?

프랑수아
별 얘기 아냐. 그 나이 때
여자애들이 하는 생각 같은 거.

안
예를 들면?

프랑수아
글쎄… 아, 그래.
결정을 내리는 건 결국
여자라더라.

안
그래? 너도 그렇게 생각해?

프랑수아
아니.

안
나도 그렇게 생각 안 해.
아, 내가 그럴 수 있다면
얼마나 좋겠어!

프랑수아
넌 너무 많은 걸
결정하는 것 같은데.

안
내가? 말도 안 돼!
한 시간째 내쫓으려고 하는데
아직도 여기 있는 널 보라고.

프랑수아
그래. 이만 갈게. 있지,
난 이렇게 널 두고 가는데
넌 다른 남자랑 데이트를

하러 간다고 생각하니
정말 가혹해.

안
그 남잔 네가 경계할
사람이 아냐.

프랑수아
알아. 하지만 그 남잔
너랑 같이 있을 거 아냐.
난 못 그러는데.

프랑수아는 안에게 키스하려 한다.

안
잘 가, 프랑수아.

프랑수아
갈게.

안
월요일에 봐.

프랑수아
6시?

안
그래. 슬퍼하지 말고!
참, 네 귀여운 여자친구에게
편지 쓰는 거 잊지 마!

프랑수아
약속하지!

안
장문의 편지를 쓰라고!
아주 좋아할 거야.

프랑수아
꼭 그렇게!

안
잘 가.

카페 르 베르됭, 7시 30분.
프랑수아는 테이블에 앉아
엽서 뒷면에 편지를 쓴다.

"뤼시에게,
두 사람은 변호사를 만나러
간 게 맞았어요. 하지만 그 금발
여자는 여동생이었어요.
우린 그 생각을 왜 못 했을까!
그럼 언젠가 또 봐요.
ㅡ프랑수아."

동역 광장, 거리, 7시 30분.
프랑수아는 손에 엽서를 들고
베르됭 거리로 향한다. 갑자기 그가
걸음을 멈춘다. 그의 눈에 문 앞에
서 있는 커플의 모습이 들어온다.
프랑수아는 주차된 소형 화물차
뒤로 급히 몸을 숨긴다. 그는 어둠
속에 가려졌지만 가로등의 불빛이
두 사람을 환하게 비춘다. 뤼시는
애인을 한껏 껴안는다. 남자는 누가
봐도 프랑수아의 우체국 동료임이
틀림없다. 여자가 울고 있고, 남자는
그런 그녀를 위로해주는 것 같다.

결국 두 사람에게서 웃음이 터져
나온다. 뤼시는 집으로 들어가려다
문턱에서 돌아보더니 남자에게
달려와 다시 한번 그의 품에 안긴다.
남자는 문이 닫히는 것을 보고 나서야
걸음을 옮긴다. 그는 휘파람을 분다.
프랑수아가 낮에 흥얼대던 노래다.
프랑수아는 그가 지나가자 몸을
더 깊이 숨긴다. 그가 멀어지자
프랑수아도 다시 걷기 시작한다.
잰걸음으로 역으로 향한다. 갑자기
그는 자신의 손에 엽서가 들려
있음을 깨닫는다. 마침 쓰레기통 앞을
지나던 프랑수아는 엽서를 버리려고
하다가 갑자기 생각을 바꾼다.
역 로비에서 우표를 사더니 엽서에
붙여서 우체통 안에 넣어버린다. 이제
프랑수아는 일을 하러 간다. 아리엘
동발이 부른 「파리는 나를 유혹해」가
흘러나온다. 프랑수아가 낮에
휘파람으로 불던 바로 그 노래다.

●

아름다운 결혼

*Le Beau
mariage*

개봉 ☞ 1982년 5월 19일
러닝타임 ☞ 1시간 37분

사빈 ☞ 베아트리스 로망
에드몽 ☞ 앙드레 뒤솔리에
시몽 ☞ 페오도르 아트킨
골동품상 ☞ 위게트 파제
클라리스 ☞ 아리엘 동발
사빈의 어머니 ☞ 타밀라 메즈바
리즈 ☞ 소피 르누아르
프레데리크 ☞ 에르베 뒤아멜
니콜라 ☞ 파스칼 그레고리
신부 ☞ 비르지니 테브네
백작부인 ☞ 드니즈 바일리
클로드 ☞ 뱅상 고티에
비서 ☞ 안 메르시에
의뢰인 ☞ 카트린 레티
기차 승객 ☞ 파트리크 랑베르

영상 ☞ 베르나르 뤼티크
영상보조 ☞ 로맹 윈딩, 니콜라 브뤼네
음향 ☞ 조르주 프라트
음향보조 ☞ 제라르 르카
사운드믹싱 ☞ 도미니크 엔캥
편집 ☞ 세실 드퀴지
편집보조 ☞ 리자 에레디아
음악 ☞ 로낭 지르, 시몽 데 지노상
현장 진행 ☞ 마리 부틀루,
　에르베 그랑사르
제작사 ☞ 레필름뒤로장주,
　레필름뒤카로스

"망상에 빠지지 않는 이가
어디 있겠는가,
공중누각을 짓지 않는 이가
어디 있겠는가?"

— 장 드 라퐁텐

기차 안, 아침 9시.
르망발 파리행 급행열차가 시골을
달린다. 열차에 탄 사빈은 예술사책을
읽는다. 그녀의 맞은편에 앉아 있는
젊고 매력적인 남자는 서류를 살펴보며
메모를 한다. 사빈은 그를 지그시
바라보다 다시 책을 읽기 시작한다.
그러자 이제는 남자가 사빈을
지그시 바라본다.

파리 몽파르나스 역, 10시.
사빈보다 열차에서 늦게
내렸던 젊은 남자는 잰걸음으로
사빈을 앞지른다.

미술·고고학 연구소 도서관, 오후 5시.
사빈은 미술·고고학 연구소 도서관
안으로 들어간다.

다게르 거리.
사빈은 철문을 열고 들어가 안마당을
가로지른다.

사빈의 방, 6시.
사빈은 파리에서 임시 거처로 쓰고
있는 아주 작은 방으로 들어간다.
침대 위에 배를 깔고 엎드려 어딘가로
전화를 건다.

사빈
시몽? …나 그리 가도 돼?
…7시에. 저녁은 집에서 먹자.
밖에 나가기 싫어. 그럼 이따 봐.

시몽의 작업실, 밤 10시.
전등 불빛만이 희미하게 방을 비춘다.
화가인 시몽은 사빈과 함께 침대에
있다. 전화벨이 울린다. 시몽이 사빈의
품에서 벗어나 전화를 받으러 간다.

시몽
잠깐만. 여보세요…?
응… 아, 정말? 알렉상드르가

돌아왔다고? 벌써…?
내일 오는 줄 알았는데…
그래. 오늘인 줄 알았으면
당연히 집으로 갔지… 나한테
미리 말을 해줬어야지…
지금은 시간이 너무 늦었잖아.
내가 도착할 때쯤이면 어차피
자고 있을 텐데, 뭐…
그래, 알렉상드르, 우리 아들!
잘 지냈니? 응, 아빠야…
그래, 아빠한테 얘기 좀
해줘봐… 말에서 떨어지진
않았어? …심지어 전속력으로
달렸다고? 와, 우리 아들
챔피언이네! 그래, 나머지는
내일 얘기해주렴. 알았지?
…아, 아빠가 오늘 저녁은 못 가.
일해야 하거든… 너도 알잖니.
화가들은 밤 늦게 일을 한단다…
그래, 아빠도. 그럼 잘 자렴,
우리 아가. 푹 쉬고…
내일 만나자. 안녕.

통화가 시작되자 사빈은 침대에서
일어나 욕실로 간다. 가볍게
샤워를 하고 방으로 돌아와 옷을 입기
시작한다. 시몽이 전화를 끊는다.

시몽
지금 뭐 하는 거야?

사빈
집에 가려고.

시몽
미쳤어?

그는 자리에서 일어나려고 한다.

사빈
내가 가야 당신이 편하게
전화를 할 거 아냐.

시몽
갑자기 걸려온 전화잖아.
난 애들이 있는데
그럼 어떡하라고! 제장!

사빈
아이가 있는 사람이면
그 아이들과 아이들 엄마 곁에
있어야겠지.

시몽
훈계할 생각 마. 당신이야말로
갑자기 왜 이러는 거야?

사빈
내가 좀 늦었지. 더 일찍
이렇게 했어야 했는데. 하지만
늦게라도 해야 할 일은 하는 게
낫지. 이제 결혼한 남자들과는
끝이야. 유부남의 아이와
부인 얘긴 이제 지겹다고.

시몽
아들이 캠프에서 막 돌아왔대.
그런 일로 내게 연락하는 건
당연한 일이잖아.

사빈
아내랑 같이 살았으면
연락할 필요도 없었겠지.

시몽
지금 내가 여기서 잔다고
날 비난하려는 건가?

사빈
원하는 곳에서 자라고.
난 내 집에 가서 잘 테니까.

시몽
여기가 당신의 집이라고
수백 번도 더 말했잖아.

사빈
아니! 여긴 화가 르겐의
집이야. 저명하신 화가 르겐의
집이라고! 내 집엔 이렇게
사방에 그림과 물감통이
널려 있지 않아. 터무니없는
시간에 전화하는 아내와
자식들도 없지. 난 돌아갈래.

시몽
그래, 알았어. 그럼 데려다줄게.

사빈
됐어. 필요 없어.
당신이랑 완전히 끝이라고…
알겠어?

시몽
뭐라고?

사빈
난 결혼할 거야.

시몽
뭐?

사빈
당신도 결혼했잖아.
나라고 못 할 건 없지.

시몽
누구랑?

사빈
아직 몰라. 이제 고를 거야.
내 마음에 드는 남자.

시몽
그래, 행운을 빌게!

사빈
고마워. 당신의 결혼이
실패작이라고 해서 나도
그러란 법 없잖아. 난 아주
제대로 고를 거라고.

사빈은 시몽에게 짧게 입 맞추고
문 앞으로 간다.

시몽
기다려!
시몽은 사빈을 붙잡으려 한다.

사빈
이거 놔!
쓸데없는 짓 말라고!

83

시몽
내일 저녁에 올 거지?

사빈
아니. 이제 내 집에서 잘 거야.

시몽
그게 아니라 같이 외출하자고.
저녁을 먹으러 가거나…

사빈
그러기 싫어.
그리고 난 약속 있어.

시몽
그 남자랑?

사빈
누구?

시몽
당신의 남편.
그러니까 미래의 남편.

사빈
아냐. 갑자기 든 생각이라고
말했잖아. 지금껏 그런 생각은
한 번도 해본 적 없었는데, 더
정확히 말하면 아직까지 결심을
못 했던 거지. 이젠 결심했어.

시몽
미쳤구나!

사빈
아니. 미쳤었지.

그리고 이젠 제정신이야.

시몽
사빈! 나 머잖아 이혼하게
될 거란 거 알잖아…

사빈
당신은 좋은 남편이 될 수
있을 거야. 우린 이제 친구로
만나자.

시몽
물론 그래야지.

사빈
당신의 애인들도 꼭
소개해주고…

시몽
아무렴!

사빈
많이 많이 만나길 바랄게.

시몽
그것참 고맙네.

르망 역, 아침 10시 15분.
사빈은 역 근처에 주차해둔 자동차에
올라탄다. 그녀는 구시가지로 들어가서
대성당 광장에 다시 주차한다.
그러고는 르망의 구시가지를 걷는다.
먼저 빵집에 들러 빵을 하나 사고
클라리스의 작업실로 간다. 유리창을

두드려보지만 아무도 없다.
사빈은 이제 본인이 일하고 있는
골동품점으로 들어간다.

골동품점.

사빈
가게 주인에게
안녕하세요, 부인.

마리즈
안녕, 사빈! 잘 지냈어요?

사빈
네, 덕분에요.

마리즈는 짐을 챙기고 외투를 입는다.

사빈
손에 든 두루마리를 가리키며
제 방에 붙일 포스터예요.
분홍빛이라 골라봤어요.
한번 보실래요?

마리즈
다음에요. 지금 급히 나가봐야
해요. 당신이 올 때까지
기다리고 있었어요. 이제 나가면
내일까지는 못 와요. 혹시 누가
전화로 날 찾으면 금요일에
올 거라고 전해줘요.

사빈
금요일이요. 알겠어요.

아, 맞다⋯ 생비에 부인이
토요일에 저지 도자기 건으로
전화하셨어요.

마리즈
관심 없어요. 값을 터무니없이
높게 부르잖아요. 기다리다 보면
값은 낮아질 거예요.
그럼 금요일에 봐요!

사빈은 짐을 내려놓고
빵을 한 입 베어 문다.

클라리스의 작업실, 12시 30분.
사빈이 들어온다. 전등갓을 칠하느라
바쁜 클라리스는 그녀가 들어오는 걸
힐끗 바라본다.

사빈
안녕!

클라리스
안녕⋯ 잠깐만.
이 색까지만 칠할게.

사빈
와, 이거 정말 맘에 든다.

클라리스
정말?

사빈
응, 정말. 나 솔직한 거
너도 알잖아. 그 전에

만들었던 건 좀 별로였어.

클라리스
뭐, 취향은 다양한 거니까.

사빈
그런 게 아냐. 넌 팔리는지
안 팔리는지 신경도 안 쓰잖아…
넌 네 개성을 충분히 발휘하지
못하고 있는 것 같아.

클라리스
발휘하기 전에 먼저 내 개성이
어떤 건지 찾아야겠지.

사빈
이미 칠해진 전등갓을 가리키며
저런 쪽인 것 같은데.

클라리스
그럴지도.

사빈
내가 너 엄청
부러워하는 거 알지?

클라리스
너도 나처럼 하면 되잖아.

사빈
그런 소리 마. 넌 정말
행복한 거야. 뭔가를
창조하잖아. 난 골동품 파는
아줌마 가게에서
허송세월하고 있는데.

클라리스
내가 확신하는데, 네가 그림을
그리고 싶다면…

사빈
난 재능 없어.

클라리스
아냐. 네 생각 이상으로
있을걸. 내가 가르쳐줄게.
날 도울 사람이 필요했어.
네가 전등갓이랑 받침을
맡으면 되잖아. 나 혼자선 다
못 한다니까.

사빈
난 누구 밑에서 일하는 거 싫어.

클라리스
골동품점에선 그러고 있잖아!

사빈
그래. 하지만 이거랑은 다르지!
그건 아주 시시한 일이라고.
조만간 그만둘 거기도 하고.

클라리스
그럼 나랑 동업하자.

사빈
그건 더더욱 못 해! 난 너무
개성이 강하잖아. 우린 뜻이
잘 맞을 것 같지 않아.

클라리스
시도는 해볼 수 있잖아.

사빈
아마도. 하지만 당장은 아니야…
너 그거 알아?

클라리스
뭘?

사빈
나 결혼할 거다.

클라리스
시몽이랑? 그 사람 이혼한대?

사빈
이혼을 한다 해도
그 남자와 그 남자의 아이들은
원하지 않아.

클라리스
그럼 누구랑?
내가 아는 남자야?

사빈
아니, 아무도 없어.
그냥 일반적인 얘길 한 거야.

클라리스
그러니까 네 말은…

사빈
그러니까 난 결심했어.
그게 중요한 거잖아.

클라리스
사람들은 그렇게 추상적으로
결혼을 하겠다고 결심하지 않아.

내가 결혼을 한 건 프레데리크를
사랑했기 때문이라고.

사빈
난 결심했어. 내가 꼭
다른 사람들처럼 해야 하는 건
아니잖아.

클라리스
그럼 남편은 어디서 찾으려고?

사빈
널린 게 남잔데, 뭐. 찾는 건
문제가 아니야. 난 늘 내가
원하던 걸 찾아왔으니까.
내 마음을 스스로 바꿨다는
사실이 중요한 거야.
지난번에 시몽네 있다가
이런 생각이 들었어.
'내가 지금 아내와 애까지 딸린
남자랑 뭘 하는 거지? 싱글인
남자는 널리고 널렸는데…'
그렇게 갑자기 결심을
하게 된 거야. 사실
'갑자기'는 아니야. 얼마
전부터 이 생각이 머릿속에서
떠나지 않았거든.
두 사람은 밖으로 나가 가게 문을
잠그고 함께 거리를 걷는다.
이제 남자를 보는 시각이
달라졌어. 아침에 기차를
타면 일하고 있는 남자들이
엄청 많거든. 학생들, 교사들,

엔지니어들… 그들은 뭔가를 읽고, 쓰고, 생각하지. 난 일하는 남자를 바라보는 게 좋더라. 남자들은 일할 때 근사해 보여. 그런데 정작 내 애인들이 일하는 걸 본 적이 없더라고. 심지어 시몽도. 우리가 만나서 하는 거라곤 사랑을 나누거나 서로 다투는 일뿐이지. 내가 찾아가면 그는 그림 작업을 중단해. 내게 온전히 집중하려 하지. 하지만 그건 실수야. 남자는 여자랑 있으면 부자연스럽게 굴잖아. 본인이 대단한 사람인 양 과시하면서. 늘 그렇게 우스꽝스럽게 군다니까.

클라리스의 집, 오후 1시.
클라리스와 사빈은 주방에서 간단히 점심을 먹고 거실로 나온다.

클라리스
넌 정말 웃긴다니까! 네 얘기만 들으면 네가 완전히 계산적인 사람인 줄 알겠어. 사실 정반대인데. 넌 그냥 충동적으로 그런 결심을 한 거잖아.

사빈
그래. 난 충동적이야. 그렇게 충동적인 사람이기 때문에 원칙이 필요하지. 전반적으로는 내가 하고 싶은 일들을 결정하지만, 개별적인 문제들은 그냥 기분을 따르고 있어. 난 한동안 자유로운 보헤미안의 삶을 살고 싶었어. 실제로 그렇게 살았지. 하지만 이제 그런 생활은 끝이야. 그리고 너도 나랑 똑같잖아.

클라리스
아니! 전혀 안 그래. 나한테도 원칙이란 게 있다면, 내 유일한 원칙은 오직 사랑이 이끄는 대로 사는 거야.

사빈
더는 사랑하지 않는다면?

클라리스
사랑하지 않는 남자와 계속 살 순 없겠지.

사빈
하지만 넌 결혼을 했잖아?

클라리스
우리가 결혼을 한 건, 서로에게 편리하고 유리한 일이었기 때문이야. 가족의 일이기도 했고. 결혼을 해서 우리가 잃은 건 아무것도 없어. 그렇다고 얻은 것도 없어. 하지만 난 결혼을 위한 결혼을 해야겠다는 생각은 결코 해본 적 없어.

사빈
아닐걸. 결혼이란 건
어렸을 때부터 고이 품고 사는
생각이잖아.

클라리스
아냐. 결혼은 그저 사회적으로
용인되는 과정일 뿐이야.

사빈
결혼이 네게 무엇보다 안정감을
주는 것 같아 보이는데.

클라리스
아마 그럴지도… 하지만 다른
사람들과의 관계에서 그런
거지, 우리 둘 사이의 관계에선
그렇지 않아. 우리의 유대감은
약하기 그지없으면서도 무척
강하지. 그게 바로 사랑이야.
사랑만이 그런 거잖아.

사빈
사랑은 변하는 거야.

클라리스
형태는 변할 수 있겠지. 하지만
강도는 변하지 않아.

사빈
사랑 안에도 어느 정도
의지는 담겨 있다고.

클라리스
네가 알고 말하는 건지

모르겠지만, 지금 네 관점은
터무니없이 이기적이야.

사빈
현명한 이기주의지.

거리, 2시.
사빈은 클라리스의 작업실까지 그녀를
바래다준다.

사빈
우리가 정말 다른 점이 있어.
넌 네 출신 환경에 완벽히
동화되어 살잖아. 넌 네가
공기처럼 자유로운 사람이라
생각하겠지만, 사실 그렇게
자유로울 수 있는 건 바로
네 배경이 그걸 용인해주기
때문이란 걸 몰라.

클라리스
전혀 그렇지 않아!
내 생각을 들으면 다들
난리를 친다고!

사빈
난 너랑 달라. 난 내 배경을
벗어나야만 하는 사람이야.

클라리스
네가 말하는 '배경'이라는 게
뭘 말하는지 모르겠어. 그리고
사실 너랑 난 크게 다를 게 없어.

사빈
전혀. 너희 아버지는 의사잖아.
우리 아버지는 돌아가셨고.
게다가 네 남편도 의사가
될 거잖아. 자기 아버지와
너희 아버지처럼.

클라리스
내가 일부러 택한 게 아니야!
프레데리크를 처음 본 순간
사랑에 빠졌어. 난 그때 그가
하는 일이 뭔지, 그의 부모님이
누군지도 몰랐어. 너도 나처럼
의사랑 결혼할 수 있어. 아님
엔지니어나 변호사랑 할 수도
있겠지. 넌 누구든 유혹할 수
있는 사람이잖아.

사빈
내 말이 그 말이야. 난 내
배경에서 벗어나야 한다니까.
그리고 그건 확고한 의지 없이는
불가능한 일이지. 난 지금껏
터무니없는 남자들만 만나왔어.
그나마 같이 살 수 있었던
남자는 한 명뿐이었어.
내 첫사랑, 클로드.

클라리스
그 초등학교 교사?

사빈
이제는 중학교 교사란다. 누가
봐도 야망이 부족한 남자지.

클라리스
그럼 시몽이랑 결혼해.
그 남잔 적어도 야망이 있잖아.

사빈
아냐. 그 사람은
유부남이잖아. 게다가…

클라리스
게다가 뭐?

사빈
왜 시몽이어야 해? 세상에
남자가 그 사람 하나도 아닌데!

두 사람은 클라리스의 가게 앞에
도착한다.

클라리스
너, 맘에 둔 사람이
있는 게 분명해.

사빈
그건 아냐. 전혀 아니라고.

클라리스
오늘 저녁에 우리 부모님
댁으로 저녁 먹으러 올래?

사빈
오늘은 안 돼. 파리에서 책을 좀
가져왔어. 공부해야 돼…
그리고 솔직히 말하면 너랑
단둘이서 낮에 만나는 건
좋은데, 너희 가족들이랑 같이
있는 건 좀 불편해.

클라리스
새로운 환경에 들어가고
싶다며!

사빈
그래. 하지만 내가 사랑할
남자의 환경이지. 있지,
너네 부모님은 그래도 괜찮아.
하지만 너네 올케는 영!

클라리스
예비 올케지.

사빈
너도 그 여자 별로지?

클라리스
그렇지 않아. 난 좋아. 물론
올케가 너였더라면 더 좋았겠지.
하지만 니콜라랑 아주 잘
어울리잖아. 근데 너랑 니콜라가
같이 있는 모습은 상상이 안 돼.

사빈
상상이 안 되는 건 나도
마찬가지야. 어쨌든 피로연엔
갈게. 그 정도면 되잖아.
어쨌든 그러도록 해볼게.

클라리스
아무리 그래도 넌 꼭 와야지…

사빈
토요일엔 4시 전에
시간 내기 어려운 거 알잖아.

클라리스
그래. 그럼 피로연은 5시니까
꼭 와. 결혼식은 안 와도 돼.

사빈
갈 수 있다고 해도 난 결혼식에
가면 너무 우울해져서…
그럼 난 6시쯤 갈게. 집에 가서
옷은 갈아입고 가야지.

클라리스
그렇게 격식 있는 자리 아니야.

사빈
어차피 그런 옷은
있지도 않아. 한 10분쯤
있다 갈게…
길어야 20분 정도.
그럼 난 간다!

클라리스
안녕!

사빈 어머니의 집, 저녁 7시.
사빈은 안마당에 주차를 하고
주방 문을 통해 집 안으로 들어간다.
그녀는 주방에 들어가자마자
가스레인지를 끈다.
그녀의 어머니는 거실에 있다.

사빈
주방에서 뭐가 끓어
넘치는데요! 제가 껐어요.

어머니
왔니?

사빈이 들고 있는 포스터를 가리키며

이건 뭐야?

사빈
그림이요… 아니, 포스터예요.
제 방에 붙이면 보여드릴게요.
참, 까먹기 전에 말씀드릴 게
있어요. 클라리스가 남동생
결혼식에 엄마를 초대했어요.

어머니
넌 안 간다며.

사빈
결혼식엔 안 가지만 피로연엔
잠깐 들르려고요. 6시래요.
저랑 같이 가요.

숙제를 하던 사빈의 여동생
리즈가 고개를 든다.

리즈
어딜?

사빈
니콜라 결혼식.

리즈
난 못 가. 주말에 파트리크랑
놀러 가기로 했거든.

어머니
난 그냥 너 대신
결혼식에만 갈게.

사빈
나랑 같이 피로연에
가자니까요!

어머니
난 그분들 잘 모르잖니!

사빈
무슨 말이에요?

어머니
뭐, 본 적이야 있지.
하지만 말 한마디 제대로
나눠본 적 없잖니.

사빈
그건 이유가 안 돼요.
제 친구들이잖아요. 적어도
그분들 딸은 제 친구죠. 그냥
잠깐 들러요. 가서 집구경이라도
하세요. 거기 전망이 끝내줘요.

어머니
그 전망이야 잘 알지.
길밖에 안 보이잖니.

사빈
오랜만에 외출할 기회라고요.
매일 집에만 계시잖아요!

어머니
난 지금 생활에 매우
만족해. 지금 보고 지내는
사람들이면 충분하다고.
어쨌든 입고 갈 옷도 없고.

사빈
검정 원피스 있잖아요.
한 번도 안 입으시던데.

어머니
날 초대해주신 건 정말
고마운데, 그분들도 내가
정말로 오길 바라는 건
아닐 거야. 물론 나도 별로
가고 싶지 않고…

사빈
몰라요. 난 분명히 전했어요.

어머니
그러는 넌 뭐 입고 갈 거니?

사빈
글쎄요.
빨간 원피스 입죠, 뭐.

사빈은 2층으로 올라간다.
방으로 들어가 포스터를 펼쳐본다.

클라리스 부모님의 집, 오후 6시.
다음 주 토요일. 결혼식이 끝나고
클라리스의 부모님 집에서 피로연이
열린다. 손님들은 집안과 정원을
드나든다. 클라리스는 쿠키가 담긴
쟁반을 손에 들고 손님들 사이를
오간다. 에드몽은 사람들 사이에서
거드름을 피우며 대화 중이다.
클라리스는 에드몽에게로 가서 쟁반을

내민다. 그러고는 신랑신부에게로
다가간다. 프레데리크가 두 사람의
사진을 찍어주고 있다.

클라리스
에드몽을 가리키며
저쪽에… 에드몽이랑
얘기하는 여자분 누구야?

니콜라
모르겠는데.

프레데리크
에드몽이 자기보다 키 큰 여자랑
같이 있는 건 처음 보네!

올케
내 사촌 포미에의 아내예요.
옆에 같이 있잖아요.
엄청난 미인이죠.

클라리스
하지만 에드몽의 타입은
전혀 아닌데.

사빈이 도착한다. 그녀는 그곳에 온
사람들을 쭉 둘러보다 에드몽에게
시선을 멈춘다. 클라리스가 그 장면을
잠시 지켜보다 사빈에게로 가서
인사한다. 그러고는 에드몽에게
자기 쪽으로 오라고 손짓한다.

에드몽
함께 대화하던 사람들에게
잠시 실례할게요.

클라리스
서로를 소개하며
이쪽은 내 사촌 오빠 에드몽,
이쪽은 내 가장 친한 친구 사빈.
얘가 사람이 너무 많아
어쩔 줄 몰라 하네. 오빠가 같이
좀 있어줄래?

사빈
에드몽에게
같이 계시던 분들은 어쩌고요?

클라리스
오빠 친구들 아니야.
에드몽에게
오빠 친구들 아니지?

에드몽
응, 모르는 사람들이야.
너네 올케가 소개해주던데.

클라리스
낮은 목소리로
그럼 시시한 사람들이겠네.
사빈을 가리키며
애한테 샴페인 한잔 주지그래.

사빈
클라리스에게
너도 같이 있자.

클라리스
아냐. 오빠한테 여자가
둘이나 있을 필요는 없지.
오빠는 날 너무 잘 알아. 새로운

여자가 낫지. 게다가 두 사람
정말 잘 어울리는 것 같아.

사빈
얘가 무슨 소릴 하는 거야.

에드몽
사빈에게
얜 항상 날 이렇게
놀린다니까요.

클라리스
오빠 취향을 잘 아는 것뿐이야.
그러고 보니 내가 방해를 하고
있네. 그럼 난 이만 실례할게.

에드몽과 사빈은 뷔페로 간다.
사람이 많아 부대끼는 중에 에드몽의
옷자락이 탁자 위에 놓여 있던 빈 잔을
친다. 빈 잔이 탁자 가장자리까지
굴러가 떨어진다. 사빈이 재빠르게
그 잔을 낚아챈다.

에드몽
반사 신경이 정말 좋으시네요!

사빈
운 좋게도요!
전 하루 종일 깨지기 쉬운
물건들을 다루거든요.

에드몽
하시는 일이 뭔데요?

사빈
파리1대학에서 미술사

석사 과정을 밟고 있는데,
요즘은 잠시 골동품점에서
일하고 있어요.

에드몽
일은 재밌나요?

사빈
아니요. 저를 위해 하는
일이 아니거든요.

에드몽
어디서 일하세요?
가게가 파리에 있나요?

사빈
아뇨. 르망에 있어요. 르망
구시가지에 위치한 가게예요.

에드몽
르망에 좋은 물건이 꽤
있다고들 하더군요. 언제 한번
가봐야겠네요. 특별히 골동품을
좋아하는 건 아니지만, 저지
도자기를 찾고 있거든요.

사빈
저지 도자기요?
구하기 어려운 건데!

에드몽
정원으로 나가실래요?

두 사람은 옛 성벽을 향해 나 있는
유리문을 열고 나가 경치를 감상한다.

사빈
전 마을 초입의 도로가에
살아요. 그래서인지 여기처럼
광활한 전망이 펼쳐지는
집이 좋아요.

에드몽
그러려면 시골에서
살아야겠네요. 이곳은 정말
아름답죠.

사빈
우린 지금 옛 성벽 위에
있는 거예요…

니콜라가 다가온다.

니콜라
에드몽에게
에드몽! 와서 전화 좀 받아!

에드몽
사빈에게
죄송해요. 잠시 실례할게요…

에드몽은 니콜라를 따라 입구 근처의
전화기가 있는 곳으로 간다.

에드몽은 통화를 시작한 지 얼마 안 돼
손목시계를 들여다본다. 그러고는 급히
입구 쪽으로 달려가 이제 막 집에서
나와 차에 올라타려 하는 사람들을
부른다. 에드몽은 그들에게 자신을
역까지 데려다달라고 부탁한 뒤,
니콜라가 보이자 사람들에게 대신

사과해달라고 말한다.
클라리스는 사빈이 유리문에 머리를
기댄 채 혼자 밖을 바라보고 있는
모습을 보고는 눈으로 에드몽을
찾는다. 에드몽이 보이지 않자
아이들이 놀고 있는 정원으로
나가본다. 그를 찾으며 집을 한 바퀴 돈
클라리스는 유리문이 나 있는 층계를
통해 다시 집 안으로 들어온다.

클라리스
에드몽은 갔어?

사빈
아니. 통화하러 갔어.

클라리스
그래? 이상한데.
보이지가 않아.
옆을 지나가는 니콜라에게
니콜라! 에드몽 못 봤어?

니콜라
아, 맞다. 에드몽 좀 전에 갔어.
미안하다고 전해달랬는데
깜빡했네.

클라리스
그럼 사빈한테 얘길 해줬어야지.

니콜라
사람들한테 전해달라고만 했어.
누구라고 콕 집어 당부하지
않았다고. 급한 전화를 받았나
본데, 포미에 부부가 마침

떠나는 길이라 그 사람들 차를
얻어 타고 같이 간 거야.

클라리스
사빈에게
변호사거든. 늘 바빠.
사촌이긴 한데 사실 서로 잘
몰라. 어쨌든 결혼은 안 했어.

사빈
그렇구나. 너한테 얘기한 대로
난 잠깐 들른 거야. 이만 가볼게.

클라리스
다시 만나고 싶으면
다음번에 내가 에드몽을
초대할게. 어려운 일 아냐.

사빈
아냐. 넌 할 만큼 했어.
나 신경 쓰지 마.
그럼 수요일에 보자!

두 사람은 입 맞춰 인사하고,
사빈은 떠난다.

골동품점.
그다음 주 수요일. 클라리스가
사빈을 만나러 골동품점에 들렀다.

클라리스
네가 에드몽을 맘에
들어 하는 게 확실해.

사빈
몇 마디 나눈 게 다야!
괜찮은 남자인 건 맞아. 하지만
괜찮은 남자가 한둘이니.

클라리스
그렇게 많을 것 같진 않은데.
어쨌든 난 알고 넌 모르는
사실을 말해줄게. 네가 에드몽
맘에 들었다는 거야.

사빈
넌 아무것도 모르잖아.

클라리스
난 알아!

사빈
그 사람이 그러든?

클라리스
들은 건 아니지만 내가 그의
눈빛에서 읽었지. 내가
네 눈빛에서 에드몽을 맘에
들어 한다는 걸 읽었듯이.
심지어는 태어나서 처음으로
첫눈에 반한다는 걸 직접
본 것 같아. 거의 불꽃이 튀는
느낌이었다니까.

사빈
미쳤구나!

클라리스
아냐. 분명히 뭔가 있었어.

좀 솔직해져 봐.

사빈
그래… 그 남자가 살짝 맘에
들었던 건 사실이야. 근데
왜 그랬는지 잘 모르겠어.
왜냐면 딱히 내가 좋아하는
타입이 아니거든.

클라리스
하지만 넌 에드몽이
좋아할 타입이야.

사빈
네가 어떻게 아니?

클라리스
에드몽은 작고 늘씬하고
우아한 여자를 좋아하거든.
타나그라 인형처럼.

사빈
그래서 그 남자가 도자기를
수집하는구나!

클라리스
여자를 수집한다고 봐야겠지.
실은 나도 잘 몰라. 어쨌든
난 에드몽이 만나는 여자는
두 명밖에 못 봤어. 둘 다 너랑
비슷한 스타일이었고 엄청난
미인이었지.

사빈
내가 정말 맘에 들었다면

그 사람이 어떻게든 날 만날
방법을 찾겠지.

클라리스

네가 잘못 생각하는 거야.
일이 많은 남자들이 보통
그러듯이 아마 여자 문제에
있어서는 먼저 나서는 사람은
아닐 거야. 그러니까 에드몽이
네게 다가가는 것보단 네가
에드몽에게 다가가는 게
훨씬 쉬운 일이지.

사빈

아니래도!

클라리스

내 말이 맞다니까! 에드몽이
너에게 연락하려면 날 통할
수밖에 없을 텐데, 그럼
아무것도 안 하려고 들걸. 내가
놀릴까 봐 겁날 테니까. 하지만
넌 에드몽에게 전화한다고
해서 잃을 게 없잖아.

사빈

나 그 사람 전화번호도 몰라.

클라리스

222-13-40. 아주 쉬워.
변호사 에드몽 쉬로.
전화번호부에 다 나온다고.

사빈

네가 지금 날 두고 무슨 생각을

하는지 모르겠는데,
난 지금껏 한 번도 남자를
쫓아다닌 적 없어.

클라리스

원하면 내가 대신
전화해줄 수 있어.

사빈

아냐, 절대 그러지 마!
연락하게 된다면,
내가 직접 할 거야.

골동품점, 오후 4시.
골동품점에 혼자 남은 사빈은
전화를 건다.

사빈

여보세요? 쉬로 변호사님과
통화할 수 있을까요? 클라리스
일로 전화했어요… 아니요,
클라리스는 아니고, 전 그 애
친구 사빈이에요… 우리 니콜라
결혼식에서 만났잖아요… 아뇨,
전혀 사과하실 필요 없어요.
많이 바쁘시다고 들었어요…
아뇨, 그건 아니고 드릴 말씀이
있어서 전화했어요. 아직도 저지
도자기에 관심 있으시면, 제가
좋은 물건을 소개해드릴 수
있을 것 같아서요… 직접
보러 오셔야 해요. 르망에서

몇 킬로미터 떨어진 곳이에요…
주중엔 바쁘시다고요? 그럼
토요일은요? …일요일은요?
…차가 정비소에 있으세요?
그럼 기차를 타고 오세요. 제가
차를 끌고 역으로 나갈게요…
좋아요. 그럼 10시 16분 기차로
오시는 걸로 알고, 기다리고
있을게요. 그럼 일요일에 뵙죠.

거리, 아침 11시.
기차에서 내린 에드몽을 태운 사빈의
자동차가 시골길을 달린다.

사빈
저기 보이는 저택이에요…

에드몽
아, 그렇군요… 사실 전
수집가는 전혀 못 됩니다.
그저 어머니께 선물을 드리고
싶어서요. 언젠가 제가 있을 때
어머니께서 아주 예쁜 화병을
깨트리셨거든요. 다시 구할 수
없는 아주 귀한 물건이었어요.
물론 제 잘못은 전혀 아니지만,
어머니를 위로할 선물을
해드리고 싶어요.

생비에 성, 11시 30분.
생비에 백작부인이 두 사람을 맞는다.

사빈
안녕하세요, 부인.
이쪽은 변호사 쉬로 씨예요.
의사 바슐레 씨 사촌 되시죠.

부인
뭐라고요? 쉬로?
르망의 쉬로 집안 말인가요?

에드몽
네, 맞습니다.

부인
그럼, 아버지가 루이?

에드몽
아뇨.
전 폴의 아들이에요.

부인
난 폴보다는 루이 댁과
더 가깝게 지냈죠.
다들 안녕하신가요?

사빈
단지 모양의 화병을 들어보며
정말 아름답네요!

부인
저지 도자기예요.
19세기 작품이죠.

사빈
저지 섬에서 기념품으로
가져오신 건가요?

부인
예전에 우리 할머니께서
선물로 받으신 거예요. 우리에겐
그냥 시시한 잡동사니였죠.

사빈
그렇게 보이진 않는데요.

부인
당시의 형편없는 취향이죠.
난 형편없는 취향은 영원히
그렇게 남는다고 생각해요.

에드몽
그럼 제 취향이
형편없나 보네요.

사빈
그런가 봐요.

에드몽
완전히 제가 찾던
물건이에요.

사빈
정말이에요?
부인에게
얼마에 파실 건가요?

부인
골동품점에 이미 얘기했잖아요.
1600프랑에요.

사빈
그건 너무 비싸요!

부인
그 이하로는 안 돼요.

사빈
하지만 좀 전에 부인께서
그냥 시시한 물건이라고
하셨잖아요!

부인
나한테야 그렇죠. 하지만
지금 중요한 건 내 취향이
아니라 그쪽의 취향이죠.
흥정을 하고 싶은 거라면
고물상한테나 가봐요, 아가씨.

사빈
하지만 그 가격이면 우리
가게에서 고객에게 제시할 수
있는 거의 최대치예요.
게다가 제가 구매자를 직접
모셔왔잖아요.

부인
살 사람이 아가씨인가요,
아님 저 신사분인가요?

에드몽
접니다. 하지만 아가씨 소개로
오게 된 것이니, 당연히 이분이
부인께 그런 말씀을 드릴 수…

사빈
그럼 1500프랑으로 하시죠.
어떠세요?

부인
좋아요. 난 흥정에는 영
소질이 없다니까요.
에드몽에게
그쪽도 마찬가지인 것 같네요?

사빈
저도 잘하는 편은
아니에요…

에드몽이 값을 지불한다.

부인
당신 때문에 깎아주는 거예요.
당신이 루이의 아들이라고요?

에드몽
아뇨, 폴이요.

부인
아, 맞아요. 폴이라 그랬죠.
못 본 지가 오래됐어요. 하지만
루이네와는 자주 만나죠.

저택의 계단을 내려온 에드몽과 사빈은
차에 올라타려 한다.

에드몽
얼마를 드리면 되죠?

사빈
이미 지불하셨잖아요.

에드몽
아뇨. 당신에게 말예요.
남는 게 하나도 없잖아요.

사빈
전 장사꾼이 아니에요.

에드몽
하지만 골동품점을
하신다면서요.

사빈
전 거기 주인이 아니에요.
직원이죠.

에드몽
주인분이 뭐라고 안 할까요?

사빈
그분과는 상관없는 일이에요.
가격이 내려가기만 계속
기다리고 있었거든요. 뭐, 이제
그분께는 어쩔 수 없는 일이죠.

에드몽
이 일을 알면 불쾌해하실 것
같은데요.

사빈
제가 그 가게에서 천년만년
일할 것도 아닌데요, 뭐…

두 사람이 탄 차가 도로 위를 달린다.

에드몽
이제 레스토랑을
찾아봐야겠네요. 배고프세요?

사빈
솔직히 좀 고프네요. 전 몸매

관리하는 그런 여자는 아니에요.
먹으나 안 먹으나 늘 같거든요.

에드몽
요리하는 걸 좋아하세요?

사빈
그럭저럭 잘해요. 저희 집으로
가서 식사를 대접해드려도
좋은데, 오늘은 저희 엄마가
친척들을 부르셔서요.

에드몽
그럼 말씀을 하지 그러셨어요.
가족들과의 시간을 빼앗고 싶진
않은데요.

사빈
아니에요. 오히려 절
도와주고 계신 거예요. 전 저희
엄마와 여동생은 좋아하는데,
다른 가족들은… 성가시다고
표현하긴 좀 그렇지만,
어쨌든 저와는 완전히 무관한
사람들처럼 느껴져요.
그들이 좋아하는 걸 전
싫어하고, 그들이 싫어하는 걸
전 좋아하죠.

레스토랑, 1시 30분.
사빈이 메뉴판을 열어 빠르게
훑어보고는 에드몽에게 넘긴다.

사빈
제 것까지 골라주세요.

에드몽
전 당신이 뭘 좋아하는지
모르는데요.

사빈
전 다 좋아해요. 맛만 있다면요.
그리고 전 모든 사람이 같은
음식을 먹는 걸 좋아해요.
초대를 받아 사람들 집에 가면
메뉴판에서 골라 먹는 게
아니잖아요.

에드몽
저도 그 방식 좋아요.
그럼 당신이 골라보세요.

사빈
그럼…
꼬치구이 좋아하세요?

에드몽
네. 아주 좋아해요.

사빈
와인은 드세요?

에드몽
특별한 경우에는요.

사빈
그럼 지금이 그렇다 치시죠.
레드? 아님 화이트?

에드몽
레드와인이요.

사빈
저도요.

에드몽
정말요?

사빈
정말이요. 전 예의상 동의하는
사람이 아니에요. 오히려
반항심이 있는 편이죠.

에드몽
고백하자면 저는 우선
동의를 하고 보는 사람이에요.
직업병이죠.

사빈
그건 어떤 사건이든 변호할 수
있다는 말씀인가요?

에드몽
어떤 사건이든 변호하는 게
아니라, 어떤 사람이든
변호할 수 있죠. 의뢰인이 절
찾아오면, 전 그 의뢰인에게
매우 호의적인 입장을 취해요.
그러지 않으면 제게 속내를
털어놓지 않을 테니까요.

사빈
아, 그러니까 제 입을 열게
하려고 제게 동의하신 거군요.

에드몽
탐정소설처럼 말씀하시네요.

사빈
농담이에요. 당신은 훌륭한
변호사겠지만 전 결코 훌륭한
판매원은 못 될 거예요. 손님이
어떤 물건을 마음에 들어
하면, 그분이 결국 싫증을
낼 때까지 안 좋은 점만 잔뜩
늘어놓거든요.

에드몽
아까 저에게는 그러지
않았잖아요.

사빈
그건 장사가 아니었으니까요.
전 장사랑 관련된 거라면
병적으로 싫어해요. 앞으로
제가 뭘 하며 살지 모르겠지만,
어쨌든 제가 뭔가 하게 된다면…
잘난 척하는 것처럼
들릴 수 있지만… 어쨌든
뭔가를 창조하는 일일 거예요.
교환하거나 거래하거나
유통하는 일이 아니라
창조하는 일이요. 하다못해
아이 한 명이라도요. 언젠간
저도 아이를 낳게 될 테니까요.
제가 하게 될 건 오로지
돈을 좋아서 하는 일은
아닐 거예요. 나중에 돈이

벌린다면 뭐, 잘된 일이겠죠.
하지만 장사의 유일한 목적은
돈이잖아요. 즐겁자고 장사를
하진 않죠. 오로지 돈을 벌기
위한 일이에요. 전 제가 하는
일에서 즐거움을 느껴야 하는
사람이에요.

에드몽
예술가의 기질을 지닌 분이라
그런가 봐요.

사빈
네, 아마도요. 기질이 있죠…
하지만 전 진정한 예술가는
아니에요. 전 클라리스처럼
그림을 그리지 못할 거예요.
전 오히려 공예가 쪽에
가까운 것 같아요. 전등 같은
물건을 만들거나, 오래된
가구를 고쳐 새롭게 만드는
일을 하고 싶어요. 사실 그런
아이디어가 넘쳐나거든요. 아마
제가 터무니없는 꿈을 꾸고
있는지도 모르죠.

에드몽
아뇨. 소박한 꿈인걸요.

사빈
너무 소박한가요?

에드몽
그건 아니고요. 형편없는

그림을 그려도 예술가인데,
훌륭한 공예품을 만드는
사람이 예술가가 못 될 이유가
어디 있겠어요. 왜 웃으세요?
제가 클라리스 얘길 한다고
생각하지 않으셨으면 좋겠네요.
전 클라리스 작품을 좋아해요.

사빈
저도요. 제가 오늘
"저도요."라는 말을 할 수
있다니 놀랍네요. 사실
어떤 친구를 생각하고
있어요. 화가인데 형편없는
화가는 아니에요. 오히려
훌륭한 편이죠. 하지만…
그 남자랑 같이 살았었는데
전 예술가하고는 같이
못 살 것 같더라고요.
숨 막히는 일이거든요. 전
클라리스처럼 살길 바라는 것
같아요. 일이 바쁜 남편과
사는 거요. 두 사람은 아주
좋은 커플이에요. 어설프게
현대적이지도 않죠. 그렇게
생각 안 하세요?

에드몽
저도 그렇게 생각해요. 둘 다
아주 괜찮은 사람들이죠. 사실
클라리스가 제 사촌 동생이긴
하지만 자주 만나진 않아요.
이곳 출신은 아니시죠?

사빈
네. 저희 부모님은 퐁디셰리에
사시다가 프랑스로 돌아오신
분들이에요. 아버지는
군인이셨는데 몇 년 전에
돌아가셨고요. 어머니는 발롱에
자리 잡으셨어요. 시내에 살고
싶어 하지 않으셨거든요. 은행에
일자리를 구하셨죠. 여동생은
르망 고등학교 2학년이고요.

레스토랑에서 나오던 두 사람은 잠시
걸음을 멈추고 주변 풍경을 감상한다.
사빈은 에드몽의 어깨에 기댄다.
두 사람은 서로를 보며 미소 짓는다.
사빈은 키스를 기다리듯 간절히
그의 얼굴을 바라보지만, 에드몽은
요지부동이다.

─────────────

골동품점, 오후 1시.

클라리스
그래서 지금 에드몽 전화를
기다리는 거야?

사빈
당연하지… 단순히 잠자리를
갖거나 그냥 가볍게 만날
거였으면 난 다르게 행동했을
거야. 난 내가 원하면 어떤
남자든 넘어오게 만들 수 있어.
하지만 그걸로는 충분하지

않다고. 난 그가 나랑 결혼하고
싶게 만들고 싶단 말이야.

클라리스
요즘 남자들은 그런 생각
잘 안 해! 정말이라니까! 그게
아니면 서로에게 오래 길들여진
뒤에야 결혼 생각을 하지.
프레데리크와 나도 처음엔
결혼 생각은 전혀 없었어.

사빈
너흰 그때 더 젊었잖아.
정말이야! 난 꼭 그 남자가
결혼 생각을 했으면 좋겠어.
그렇게 만들고 싶단 말이야.

마리즈가 우산을 접으며 가게 안으로
들어온다. 두 사람의 인사를 차갑게
받는다. 클라리스는 자리를 뜬다.

마리즈
사빈에게
나한테 할 말 없나요?

사빈
뭐에 대해서요?

마리즈
일요일에 있었던 일이요…
무슨 말인지 모르겠어요?

사빈
일요일은 일요일이죠!
전 그날 친구들과 외출을

했는데요. 제가 하고 싶은 걸
할 권리는 제게 있으니까요.

마리즈
내 고객과 거래하는 건
금지예요.

사빈
그건 거래가 아니었어요.
친구를 도운 것뿐이라고요.

마리즈
내 고객하고 말이죠?

사빈
부인 고객이었으면 저에게
물건을 팔지 말았어야죠!

마리즈
당신이 내 고객을 꾀었잖아요!
내게 전화를 했어요.
후회한다면서.

사빈
전 그분을 꾀지 않았어요.
사장님이 안 사겠다고
하셨잖아요. 그럼 그 부인
마음대로 하실 수 있는 거죠.

마리즈
당신은 아니지!
내 가게 직원이잖아.

사빈
이젠 아니에요!

사빈은 외투를 챙긴다.

마리즈
지금 어디 가는 거예요?

사빈
전 이만 가볼게요. 더는 저랑
일하고 싶지 않으신 것 같네요.
마침 저도 여기서 일하고 싶지
않아졌거든요. 이런 장사 따윈
관심 없어요.

마리즈
그런 것 같네요. 이렇게
엉망으로 하는 걸 보니!

사빈
전 이런 일을 절대 직업으로
삼지 않을 거예요. 이보다 훨씬
나은 일을 할 거라고요!

마리즈
진정해요, 사빈. 난 이 일을
크게 문제 삼진 않을 거예요.
다만 당신이 이번 일을 통해
배우는 게 있었으면 좋겠군요.
똑똑한 사람이잖아요. 언젠간
당신 능력에 걸맞은 일을
찾을 수 있으리라 생각해요.
하지만 그때까진 어쨌든 해야 할
일과 하면 안 되는 일의 경계를
배워야 합니다.

사빈
전 더 배울 게 없어요. 살면서
지금껏 배운 것들은 결국 아무

쓸모도 없다고요. 그리고
제 걱정은 마세요. 모르셨어요?
저 곧 결혼하거든요. 그게 제게
훨씬 잘 맞는 일이죠.

마리즈
축하해요. 상대가 누구죠?

사빈
그 화병을 사 간 행운의 남자죠.
보셨죠? 제가 장사 수완이
없는 건 아니라고요!
사빈은 밖으로 나가버린다.

―――――――

거리, 2시 15분.
사빈은 차에 올라탄다.

―――――――

대성당.
사빈은 촛불을 켜고 잠시 명상에
잠긴다. 조금 떨어진 곳에서 클로드가
스테인드글라스를 감상하고 있다.
그는 사빈을 알아보고 그녀에게
다가온다.

사빈
클로드!

클로드
사빈! 너 여기서 뭐 해?

사빈
기도하고 있었어.

클로드
네가 기도를 한단 말이야?

사빈
난 변했거든.
넌 뭐 하고 있었는데?

클로드
나도 기도하고 있었지.
내 방식대로.

사빈
네 방식대로라니, 넌 신자도
아니고 뭘 빌지도 않잖아.

클로드
신자가 아니고 뭔가를 빌지
않아도 기도할 수 있어. 난
스테인드글라스를 보고 있었어.
그러는 넌? 뭔가를 빌고 있었어?

사빈
당연하지.

클로드
뭐 안 풀리는 일 있어?

사빈
정반대야. 더할 나위 없이
잘 지내. 그럼 난 이만 가볼게.

클로드
나도 나가려던 참이었어.
집으로 가려고.

두 사람은 같이 밖으로 나온다.

대성당 광장.

사빈
차 갖고 왔어?

클로드
아니, 아내가 타고 나갔거든.
딸을 데리고 친정에 갔어.

사빈
그럼 태워다줄게.

클로드
가는 방향 아니잖아.

사빈
나 시간 많아.

두 사람은 차에 올라탄다.

임대아파트 건물.
사빈의 자동차가 임대아파트
아래에 멈춘다.

사빈
괜히 오해받게 만들긴 싫은데.
지금 아내도 집에 없다며.

클로드
이웃들도 없어.
이 시간엔 아무도 없거든.

사빈
그렇다면, 뭐.

두 사람은 차에서 내려
건물로 걸어간다.

클로드
어쨌든 아내는 나를 믿거든.

사빈
합당한 믿음이야?

클로드
당연하지.

사빈
널 비난하려는 게
아니라, 넌 그럴 만한
사람이라는 의미야.

층계참.

사빈
그거 알아? 나 결혼할 것 같아.

클로드
정말? 그 화가랑?

사빈
아니. 변호사랑.

클로드
파리 사람이야?

사빈
응.

클로드는 아파트의 문을 연다.

클로드의 아파트.
두 사람이 집 안으로 들어온다.

클로드
그래서 넌 이제 뭘 할 건데?

사빈
결혼할 거라니까.

클로드
아니, 일 말이야.

사빈
가정주부지 뭐겠어.

클로드
그 남자 부자야?

사빈
몰라. 아냐, 사실 엄청 부자일걸.
남편이 둘이 같이 살만큼 충분히
버는데 나까지 뭐 하러 일을 해?

클로드
그럼 넌 그 남자에게
완전히 의존해야 하잖아.

사빈
그러는 너는? 넌 아내에게,
아내는 너에게 서로 의지하고
있다고 생각 안 해?
결혼해서 같이 살면 당연히
서로에게 의지하며 사는 거야.
사빈은 말을 이으면서 아파트를

이곳저곳 유심히 살펴본다.
그동안 클로드는 마실거리를 준비하러
주방으로 간다.

내 얘기가 냉소적으로 들릴 수도
있겠지만, 일이 바쁜 남편과
살면 직장에 다니는 것보다
훨씬 자유롭게 지낼 수 있잖아.
내가 하고 싶은 일을
하면서 말이야. 낮에는 물론이고
심지어는 밤에도. 아내는
초등학교 교사라고 했나?

클로드
맞아. 잘 아네.

사빈
일이 맘에 든대?

클로드
물론이지.

사빈
나라면 아닐 것 같아.
그 많은 아이들을 참아내지
못할 것 같아. 내 아이들을
키우는 걸로 충분해.

클로드
일이 항상 즐거울 순 없지.
어쨌든 내 월급만 가지고
생활하기엔 충분하지가 않고.

사빈
충분했다면?

클로드
내가 아는 아내라면, 다른
사람이 벌어오는 돈으로 살고
싶어 하지 않을걸.

사빈
나도 그렇겐 안 살 거야!
세상에, 그런데 너
지금 가정주부를 창녀
취급하는 거야?

클로드
아니. 하지만 품위가
떨어지는 건 맞지.

사빈
꽥꽥 소리 지르는 애들이랑
하루 종일 붙어 있는 건 품위
있는 일이고? 너 정말 구식이다!
남녀 관계를 지배 논리로 보고
있잖아. 결혼이란 건 말야, 각자
잘할 수 있는 걸 한데
어우러지게 하는 일이야. 아내는
살림을 하고 남편은 돈을
벌면 되잖아. 물론 그 반대도
안 될 건 없어. 나야 그렇게 하고
싶지 않지만. 왜 둘 다 똑같이
일해야 하는데?

클로드
돈을 벌지 않는 사람은 돈을
버는 사람에게 늘 의존적이
될 수밖에 없으니까.

사빈
그건 사회가 잘못된 거지.

클로드
할 수 있으면 네가
이참에 한번 바꿔봐.
혁명가가 돼보라고!

사빈
그래, 나도 남편한테
의존하게 되겠지. 하지만
그래도 남의 밑에서 일하는
삶보단 나아!

클로드
결국 따분해질걸. 그땐 어쩔래?

사빈
내가 하고 싶은 일을 하면 돼.

클로드
무료한 부인들의 고상한 취미를
가지겠다는 거야?

사빈
아니. 난 공예품 만드는 걸
좋아해. 하지만 당장 그 일을
하진 않을 거야. 그래, 네 말처럼
내가 아무것도 안 한다 치자.
근데 지금 너희 아파트를 한번
보라고. 기분 나쁘게 하려는 건
아닌데, 누가 봐도 노총각 혼자
사는 집이지, 도대체 이게
뭐니? 여자의 손길이 닿은
흔적이라고는 찾아볼 수가

없잖아. 아내가 일을 안 했으면
집을 좀 예쁘게 꾸밀 수
있었을 거 아냐.

클로드
아내는 그런 데 관심 없을걸.

사빈
바로 그게 안타깝다는 거야.
난 너희 부부처럼 이렇게
캠핑 온 것마냥 대충해놓고는
못 살아.
문 옆의 콘센트를 보며
다 부서진 이 콘센트 좀 보라고!

클로드
그래, 나도 알아.
전기공을 불러야 하는데.

사빈
전기공을 부른다고?
너랑 아내 둘 다 이런 거 하나
혼자 못 고치는 거야? 드라이버
있어? 내가 고쳐줄게.
콘센트를 고치며 말을 잇는다.
벌써 10년도 넘게 난 내 시간의
반을 여기저기 옮겨 다니며
보내왔어. 가망 없는 공부를
했고, 가망 없는 남자들을
만났지. 이제 내가 원하는
건 아주 간단해. 내 집을
갖는 것 그리고 그 집을 내가
원하는 대로 꾸미는 것, 또 혹시
일을 한다면 내가 좋아하는

일을 하는 거야.

클로드
근데 그 남자를 사랑하긴
하는 거야? 꼭 네가 그 남자
집만 보고 결혼한다는
것처럼 들려서.

사빈
그 남자 집은 가본 적도 없는걸!

클로드
아무래도 집은 보고 결혼하는 게
좋을 것 같은데!

사빈
많이 놀랐어? 걱정 마.
난 그 사람 아주 많이
사랑하니까. 난 형편없는 남자
사랑하지 않아.

클로드
나 같은 남자 말이지.

사빈
아냐! 네가 형편없다는 말이
아니야. 다만 넌
날 끌어올려줄 수 없잖아.
결국 난 날 끌어올려줄 남자가
필요하단 걸 깨달았어.
무슨 말인지 알겠어?

클로드
글쎄. 그냥 출세욕일
뿐이잖아.

사빈
출세욕? 난 성공하고
싶은 게 아니라, 자아를
실현하고 싶은 거야. 그리고
그러기 위해서 난 올라가야
하는 거고. 이만 갈게.

사빈 어머니의 집.
사빈은 주방으로 들어간다.
사빈의 어머니와 여동생이 막
점심식사를 마친 참이다.

어머니
벌써 오니?

사빈
네.

어머니
어디 아픈 건 아니고?

사빈
아니에요.

어머니
점심은 먹었어?

사빈
안 먹었어요.
그냥 커피나 한잔 마실래요.
그리고 나 일 그만뒀어요!

어머니
또 싸운 거니?

사빈
뭐, 그런 셈이죠. 사실
그렇다기보다, 어쨌든
제 벌이를 생각해보면 정말
할 만한 일이 못 돼요.

어머니
그래서 이젠 뭘 하려고?

사빈
당장은 일 안 하려고요.
돈은 좀 모아뒀어요. 우선 석사
논문을 끝내야 해요.

두 사람은 커피를 들고 거실로 가
소파에 앉는다.

어머니
언제 끝나는데?

사빈
6주 남았어요. 근데 기대는
마세요. 그 학위로는
아무것도 못 해요.

부엌에 있던 리즈는 자리에서 일어나
외투를 입고 "다녀올게요."라고
소리치며 집을 나선다.

어머니
뭔가 할 일을 찾아야 할 거 아냐.
네가 만나는 화가는?
아무 도움도 안 준대?

사빈
시몽이요? 터무니없는

생각 마세요! 자기 그림
말고는 아무것도 모르는
사람이라고요… 게다가 우리
헤어졌어요. 엄마한테 얘기
안 했던가요?

어머니
안 했는데!

사빈
한 줄 알았네요… 있잖아요,
나 결혼할 것 같아요.

어머니
누구랑?

사빈
아주 잘생긴 남자랑.
엄마는 모르는 사람이에요.
변호사고요.

어머니
르망 사람이니?

사빈
아뇨, 파리에 살아요.
클라리스 사촌이고요.
걔가 소개해준 거예요.

어머니
젊은 남자야?

사빈
네. 서른다섯 살이에요.
저랑 딱 좋은 나이차죠. 믿기
어렵지만 그렇게 됐어요.

제 인생의 남자를 만났다고요.
잘생겼고, 젊고, 부자예요.
그리고 싱글이죠!

어머니
그 남자가 결혼하고 싶대?

사빈
내 쪽에서 원한다고 봐야죠.

어머니
그렇구나… 혹시…
너 임신한 건 아니지?

사빈
웃음을 터뜨리며
그게 무슨 소리예요!
안심하세요, 엄마. 우린 아직
키스도 안 했어요. 임신 말고도
결혼할 이유는 많아요!

어머니
알고 지낸 지는 오래됐니?

사빈
사실 얼마 안 됐어요. 하지만
그건 중요한 게 아니죠.
그 사람이 맘에 들어요.
남편감으로 맘에 든다고요.

어머니
그럼 그 사람도 네가 맘에 든대?

사빈
내가 맘에 안 들 이유가
뭐 있겠어요? 확신하는데,

그 사람도 날 맘에 들어
하는 것 같아요. 그리고 혹시
아직 내가 맘에 들지 않는다면
꼭 그렇게 만들 거예요. 어떤
남자도 나에게 안 넘어오고는
못 배기죠. 엄마도 알잖아요.

어머니

그럼, 알지. 하지만 결혼은
그렇게 하는 게 아니란다.

사빈

그럼 어떻게 하는데요?

어머니

요즘 사람들을 보니 우선 같이
살아보고, 그러고 나서
나중에 결혼하는 것 같던데.

사빈

세상에, 그게 엄마가
할 말이에요? 엄마의 딸인 내가
아니라잖아요. 난 남자들과
같이 살아봤지만 그렇다고 해서
결혼하진 않았다고요.
이젠 결혼을 하고 싶어요.
내 생각에 남자를 나랑 결혼하게
만들 가장 좋은 방법은
그 남자와 자지 않는 거예요.
난 존중받고 싶어요. 내 남편이
나를 우상 대하듯 했으면
좋겠어요. 그러려면 그가 날
존중해야죠.

어머니

백 년 전 사람들이나 했을 법한
소릴 하는구나!

사빈

엄마, 백 년 전에 여자들은
숭배의 대상이었어요. 그때
여자들이 남자들을 거부한 건
오직 예절이나 도덕적, 종교적
이유 때문만은 아니었어요.
본능에 따른 것이기도 하죠.
암컷이 수컷에게 저항하는
동물적 본능 말이에요. 그렇게
여자는 남자의 욕망을 자극하는
거예요. 다른 여자들은 잃었을지
몰라도 전 그 본능을 잃지
않았어요. 지금껏 난 남자들에게
너무 쉽게 나를 내줬죠. 이젠
그러지 않을 거예요.

어머니

넌 극에서 극을 오가는구나.

사빈

걱정 마세요, 엄마. 그 남자를
사랑해서 결혼하는 걸 테니까요.
그 남자에게 벌써 사랑을 느낀
걸지도 몰라요. 그 사랑이
진정한 사랑이길 원해요.
그리고 내가 너무 빨리 그 남자
품에 안기는 건 좋은 방법이
아니에요. 전 그 남자가 절
갈망하며 애태우길 바라거든요.

어머니
꼭 그래야 할까?

사빈
네. 안 그럼 날 얕볼 테니까요.
난 남자들이 우러러볼 만한
여자예요. 하지만 굴복하는
순간 아무것도 아닌 존재가
되어버리는 거죠. 남자들이
나랑 자고 싶어서 날 좋아하는
거라면 이제 싫어요. 그래서
그런 거리고요. 엄만 이런 날
반대하지 않을 거죠?

어머니
난 당연히 내 딸 편이지.
네가 그동안 유부남이랑 시간을
허비하는 걸 보면서 마음이
아팠단다. 이번에 그 남자가
네 마음을 받아줬으면 좋겠구나.

사빈
생기 있게
그럴 거라니까요!

어머니
좋구나, 정말 좋아. 내가 얼마나
기쁜지 넌 모를 거야.

두 사람은 꼭 껴안는다.

───────

클라리스의 작업실.
사빈의 자동차가 클라리스의 작업실

옆길로 들어온다.

사빈
나 파리 가는 길이야. 너한테
인사하려고 잠깐 들렀어.

클라리스
그럼 잠깐 들어와!

사빈
아냐, 시간이 없어.

클라리스
별일 없지?

사빈
그럼.

클라리스
너 심심하겠다.

사빈
천만에! 석사 논문을 꼭
끝내야 했단 말이야.
일을 그만둔 건 정말 잘한
일이었어.

클라리스
그럼 다른 일은 어때? 여전히
사랑에 빠져 있는 거야?

사빈
그럼, 당연하지!

클라리스
에드몽한테 전화 왔어?

사빈
아니… 난 급할 거 없어.

클라리스
내가 너라면 뭐라도 다시
해보겠어. 에드몽은 전화
안 할걸. 널 쫓아다닌다는
인상을 주고 싶지 않을 거야.

사빈
나도 그 사람에게 자길
쫓아다닌다는 인상은 주고
싶지 않다고.

클라리스
하지만 이왕 네가 먼저
시작을 했으니까 계속
해보라는 거야. 쇠뿔도 단김에
빼라는 말도 있잖아.

사빈
그 사람이 내게 전화한다면
정말 얼마나 행복할까!
난 얼마든 기다릴 준비가
돼 있어.

클라리스
말은 그렇게 해도, 넌 내가 아는
가장 참을성 없는 사람인데!

사빈
네가 자꾸 부추기니까 그렇지!

클라리스
원래 네 성격이 그런 거래도!

사빈
이번엔 기다려볼래… 사실
네 말이 맞을지도 몰라. 어쨌든
내가 전화를 하게 된다면 여기서
하진 않을 거야. 파리에서
할래… 우리 변호사님께서는
매우 바쁘시겠지만 나야 남는 게
시간이잖아. 그게 바로 내가
우세한 점이지. 어떻게든 그는
내 남편이 될 거야.
사빈은 웃음을 터뜨린다.

───────────

파리, 사빈의 방.

사빈
전화를 걸어
안녕하세요.
저 사빈이에요.

에드몽의 목소리
안녕하세요!

사빈
어떻게 지내시는지
궁금해서 전화드렸어요.

에드몽의 목소리
전 아주 잘 지냅니다.
당신은요?

사빈
저도 잘 지내요. 전 수요일까지
파리에 있을 거예요. 아마 더

있을 수도 있고요…
저 일 그만뒀어요. 사장님이랑
싸웠거든요.

에드몽의 목소리
혹시 저 때문에 그러신 건
아닌가요?

사빈
아니에요. 걱정 마세요. 당신과
상관없는 일이에요. 아뇨, 제가
만나서 말씀드릴게요. 이번 주에
뵐 수 있을까요?

에드몽의 목소리
아뇨. 아쉽지만 제가 바빠서요.

사빈
저도 실은 바빠요. 논문을
끝내야 하거든요. 그럼
다음 주에 뵙죠. 월요일에
전화드릴게요.
그럼 안녕히 계세요.

클라리스의 집, 오후 1시.
사빈과 클라리스는 현관에서
대화를 나눈다.

클라리스
그러기 쉽진 않겠지만
너무 맘 상해 하지 마.

사빈
그 사람이 일부러

피하는 것 같진 않아. 정말
일이 많은 걸 거야. 아직
확실한 성공이라고까지는
말 못하겠지만 어쨌든 난 꼭
해내고 말 거야. 어떤 면에서는
그 사람에 대한 확신이 들거든.
그의 약점을 찾아내고 말 거야.
누구나 약점이 있는 법이잖아.
반면에 나 자신에 대한
확신이 없어져. 네 말이 맞아.
난 기다리고 싶은데, 도저히
못 하겠어. 미칠 듯이 초조해.
다음에 만날 때도 내게 다정한
모습을 보이지 않는다면 그에게
욕을 퍼붓겠어. 하지만 다정하게
군다면 그의 품에 폭 안길래.

클라리스
안 될 것 없지. 이미 넌
충분히 기다렸잖아.

사빈
아무리 생각해도 그 사람을
그렇게 빨리 만나지 않는
편이 좋을 것 같아. 난 얌전한
소녀처럼 구는 건 잘 못하겠어.

클라리스
억지로 그럴 필요 뭐 있어.
자연스럽게 하란 말이야.

사빈
자연스러우면서도 얌전하게
굴 유일한 방법은 그 사람하고

단둘이서만 있지 않는 거야.
좋은 생각이 났어. 그를
내 생일파티에 초대하는 거야.
아직 돈이 좀 남았으니까
성대한 파티를 열어야겠어.

클라리스
어디서?

사빈
우리 집. 그러니까
우리 엄마 집에서.

클라리스
너만 괜찮으면 여기서
해도 돼. 우리 집에서.

사빈
아냐. 그에게 내 있는 모습
그대로 보여주고 싶어.
처음부터 모든 걸 명확하게
하는 게 좋잖아. 그 뒤에
넌 날더러 보통내기가 아니라고
말하게 될걸!

클라리스
내가?
절대 그럴 일 없을걸!

사빈 어머니의 집, 1층.
파티가 한창이다. 몇몇 손님은 벌써
집으로 돌아간다. 사빈은 벌써 기분이
상한 것 같다. 클라리스와 사빈은

서로 걱정하는 눈빛을 나눈다.

클라리스
에드몽은 다들 가고
나면 올 거야.

사빈
아예 안 올 것 같아.
그럴 가능성이 없다고.
사람들과 한껏 어울리는
여동생 리즈를 바라보며
그래도 신나게 노는 사람도
있네. 내 동생 좀 봐!

클라리스
너한테 엄청 미안해할 거야.
다음번에 만나면 정말 다정하게
굴걸. 근데 난 에드몽이 올 것만
같아. 약속했단 말이야.

사빈
그래, 물론 그렇겠지.
예의상이라도 그렇게 내빼진
않겠지. 하다못해 전화라도
해줄 수 있었잖아!

클라리스
전화가 안 온 건 오히려
좋은 징조야.

사빈의 어머니와 여동생이 다가온다.

어머니
사빈! 아무래도 이제는
케이크를 내가야 할 것 같아.

이러다 다들 집에 가겠어.

사빈
아니에요. 아직 다들
가진 않았잖아요. 조금만
더 기다려봐요…
아니에요. 됐어요!

사빈과 클라리스는 테이블로 간다.

사빈
케이크에 꽂혀 있는 촛불 개수를
세어보며
다섯… 열… 열다섯…
스물… 스물다섯…
이렇게 많은 걸 내가
어떻게 다 꺼요!

클라리스
에드몽이 네 나이 알아?
얼른 몇 개 빼.

사빈
그 사람은 여기 오지도 않은
데다가, 속이고 싶은 마음 없어.
하지만 아무래도 이렇게 많은 걸
한 번에 끌 순 없단 말이야!

사빈은 촛불을 빼기 시작한다.

리즈
지금 뭐 하는 거야?

어머니
그러다 케이크 다 망가져!

사빈
안 망가져요!

리즈
촛불 끄기 싫었으면
미리 말을 했어야지!

사빈
이거 너 줄게.
네 생일 때 써.

리즈
너무 많잖아!

사빈
남는 건 잘 갖고 있어. 나중에 다
쓸 데가 있을 거야.

네 사람은 거실로 가서 뷔페 테이블에
케이크를 올려둔다. 케이크를 잘라서
손님들에게 나눠주려고 한다.
대여섯 명이 동시에 몰려들며 자기
접시를 내민다.

사빈
좀 물러나줄래!
한 남자애에게
물러나라고 했잖니!

소년
거칠게 뒷걸음질 치며
비키고 있잖아요!

소년이 뒷걸음질 치다
한 여자애의 발을 밟는다.

소녀
아야!

소년
사빈을 가리키며
저 누나 잘못이야.
저렇게 난리를 치잖아…

사빈
그렇게 불만이면 네가
여기 와서 나 대신 해!

사빈은 그대로 자리를 뜬다.
잡아보려 하지만 소용없다.

소년
왜 그렇게 화가 났어요?

사빈
그냥 내버려둬!
사빈은 계단을 뛰어 올라간다.

어머니
쟤가 도대체 왜 저러는 거니?

멀리서 이 장면을 지켜본
클라리스가 다가온다.

클라리스
무슨 일이에요?

리즈
아무 일도 없어. 그냥 언니가
뿔난 모양이야.

클라리스
내가 올라가볼게.

2층.
클라리스가 사빈의 침실로 들어가자
사빈은 울고 있다.

사빈
날 좀 그냥 둬. 이제 다 엉망이
돼버렸고 내가 할 수 있는
거라곤 우는 것뿐이니까!
그냥 실컷 울고 싶어.

클라리스
분명 무슨 일이 생긴 걸 거야.
내가 전화해볼까?

사빈
아니. 여기 안 왔으니 지금
그 사람 집에도 없겠지. 부탁 좀
들어줘. 내려가서 사람들한테
나 아프다고 해줘…
갑자기 배탈이 났다고.

리즈가 방으로 뛰어온다.

리즈
그 사람이 왔어!

사빈
뭐?

클라리스
누구? 에드몽?

리즈
응.

사빈
정말 그 사람인 게 확실해?

리즈
그럼 누구겠어?

클라리스가 밖으로 나가
난간으로 몸을 숙인다.

클라리스
에드몽이 맞아! 어서 나와!

사빈
내가 운 걸 볼 거 아냐!

클라리스
세수라도 좀 해. 어서!

사빈
난 내려가지 않는 게 낫겠어.
내가 아프다고 전해줘.

클라리스
좋은 생각이야! 얼른 침대에
누워. 에드몽이 올라올 거야.
단둘이 있게 해줄게. 완벽해!

사빈
얼른 에드몽에게 내려가봐!

1층.
에드몽은 궁금한 듯 자신을
쳐다보는 낯선 사람들 사이에서
어쩔 줄 몰라 한다.

클라리스
오빠! 드디어 왔구나!

에드몽
미안해. 다음 주에 나르본에서
재판이 있어서 진행 중인 건들을
급하게 처리하고 오느라고…

클라리스
이쪽은 사빈 여동생 리즈야.
사빈은 잠깐 자기 방에
올라갔는데 곧 내려올 거고.

리즈
에드몽에게
케이크 좀 드실래요?

에드몽
어… 네, 좋아요.
클라리스에게
프레데리크는 안 왔어?

클라리스
응. 오늘 병원 당직이거든.
오늘 정말 멋진 파티야.
보라고, 사빈은 이렇게 친구도
많다니까!

리즈가 에드몽에게
케이크 한 조각을 내민다.

에드몽
양손에 선물상자와 접시를 들고
난처해하며
고마워요!

클라리스
그 상자 이리 줘.

에드몽
그러니까 이건…

클라리스
사빈 선물이야? 우선 여기
잠시 올려두고 좀 이따
다시 챙기면 되지. 아, 저기
사빈 어머니가 계시네.
인사드리러 가자.
사빈 어머니에게
이쪽은 저희 사촌 오빠
에드몽이에요.

어머니
안녕하세요.

에드몽
안녕하세요. 처음 뵙겠습니다.

클라리스
에드몽이 사람 얼굴을 참 잘
알아봐요. 사빈 어머니인 줄
바로 알던데요.

어머니
오히려 리즈 쪽이 날 닮았는데.

클라리스
하지만 웃는 모습이
사빈과 꼭 닮으셨잖아요.
예전에 남자들에게 정말
인기가 많으셨겠어요!

어머니
젊을 때야 다들 그렇지, 뭐.

클라리스
에드몽의 목을 끌어안으며
우리 두 사람은 정말 많이
닮았어요. 에드몽한테
유머감각이 없는 것만
빼놓고요. 사람들은 우리가
친남매인 줄 착각한다니까요.

어머니
하지만 두 사람은 사촌이잖니.

클라리스
사촌끼리 이 정도로 닮는 건
드문 일이죠.

어머니
그렇지. 너희 두 사람 정말 잘
어울리는구나…

클라리스
우리 두 사람은 아주 멋진
커플이에요.

에드몽
근친상간 커플이죠.

클라리스
게다가 내연관계가 되겠죠…

어머니
그런 뜻으로 말한 게
아니었어!

클라리스
적어도 제 입장에서는
그렇다고요. 에드몽은
싱글이거든요.

어머니
그런 의미가 아니었대도…

클라리스
우리 두 사람은 너무 닮았어요.
하지만 커플이라면 서로
반대되는 점이 필요하죠.
에드몽은 금발 여자를
안 좋아해요. 갈색 머리에 작고
가녀린 여자를 좋아하죠.

에드몽
꼭 그렇진 않아.

클라리스
맞아! 내가 오빠 취향을
안다니까. 내가 본 오빠
애인들은 모두 작고 귀여운
갈색 머리 여자였다고.

에드몽
사빈 어머니에게
얘가 정말 이상한 소릴
하네요! 그나저나 이 케이크
정말 맛있군요.

클라리스
사빈이 만든 거야.
요리를 정말 잘한다니까.

사빈이 계단을 내려와 손님들의 무리를
헤치고 걸어온다. 침묵이 흐르고,
모든 시선이 그녀에게 향한다. 사빈은
차분히 에드몽 앞으로 다가간다.

사빈
죄송해요. 잠시 위층에
있었어요.

에드몽
아니에요. 오히려 제가
죄송하죠. 너무 늦게 왔네요.

클라리스
안 오는 것보단
늦게라도 오는 게 낫지.

사빈
괜찮아요. 원래 파티는 끝나갈
때가 더 좋은 법이잖아요.
제때 맞춰 오신 거예요.

에드몽은 다른 곳에 올려두었던
선물 상자를 집어 사빈에게 내민다.

에드몽
생일 축하해요.
사빈이 상자를 열어본다.
대단한 건 아니에요. 선물은
열어볼 때가 제일 좋은 법이죠.

사빈은 포장지에 쌓여 있던
저지 도자기 찻잔을 꺼낸다.

사빈
너무 아름다워요!

에드몽
벽장 안에 들어 있던 걸
찾았는데, 어디에 둬야 할지
모르겠더군요. 저보다는 당신이
더 제대로 감상할 것 같아서요.
전문가시잖아요.

사빈은 어루만지던 찻잔을 탁자 위에
올려두고는 에드몽의 목을 끌어안는다.
갑작스러운 그녀의 행동에 그는 아무런
대처도 하지 못한다.

사빈
제게 이보다 기쁜 선물은
없을 거예요.
사빈은 주저하지 않고 에드몽의
입술에 입 맞춘다. 그러고는 잠시
그의 어깨에 몸을 바짝 기댄다.
그다음 그의 손을 잡으며
우리 같이 춤춰요!

에드몽
제가 잘 출 수 있을지…

사빈
그럼요.
잘하실 수 있어요!

꽤 빠른 리듬의 록 음악이
흘러나오고 있다. 에드몽은 잠시
망설이다 이내 스텝을 밟더니 음악에
몸을 맡긴다. 춤을 추고 난 뒤 사빈이
찻잔을 다시 들고 에드몽의 손을
잡더니 계단 쪽으로 데려간다.

사빈
이걸 어디에 둘 건지
보여드릴게요.

───────────

2층.
사빈이 에드몽을 자신의
방으로 데려간다.

에드몽
방이 참 예쁘네요!
전등갓을 가리키며
저 해가 참 맘에 드는군요…

사빈
그거 클라리스 작품이에요.

에드몽
아, 그렇군요!

사빈
해를 그려 넣는 아이디어는
제가 낸 거고요.
그림을 보여주며
이건 달이에요.
누구 그림인지 아시겠어요?

에드몽
모르겠는데요.

사빈
밀레의 그림이에요…
전 어디서도 내 집처럼
편히 지내지 못해요.
여기서도, 파리에서도요.

어떤 책이 필요해서 찾아보면
그 책은 파리에 있죠.
파리에 있을 때 필요한 책은
여기 있고요. 온전한 제 방이
있었으면 좋겠어요. 파리에 있는
방은 임시 거처일 뿐이고,
여기선 엄마 집에 얹혀사는
거니까요. 이 방은 제가
열네 살 때부터 그대로예요.
가끔은 이 물건들을 싹 다
내다버려야겠다는 생각이
들기도 하는데, 사실 그게 무슨
소용이겠어요? 어차피 여긴
제 진짜 방이 아닌걸요.

에드몽
제 어릴 적 방은 이제
남아 있지 않아요. 하지만
제 물건들은 하나도 버리지
않았죠. 모두 다락방에
보관해뒀거든요.

사빈
여기도 다락방이 있긴 한데
텅 비어 있어요. 프랑스로
돌아올 때 물건들을 다
잃어버렸거든요. 그때 전
여덟 살이었죠. 그 이후로
갖게 된 물건들은 다
제 여동생들이 물려받았고요.
그래서 제겐 별로
남은 게 없어요…

에드몽
선반 위에 놓인 그림을 발견하고는
당신이 그린 건가요?

사빈
네. 열네 살 때 그림이에요.

에드몽
그림은 안 그리신다면서요.

사빈
이건 그림이라고 할 수 없죠.
누구나 이 정도는 그리잖아요.

에드몽
아니에요. 정말 멋진데요.

사빈
그럼 가지세요! 정말로요!
저도 당신한테 선물할 수
있는 거잖아요. 값나가는 물건도
아니고요. 이 그림이 지겨워지면
다락방에 넣어두시면 되죠…
그렇지 서 계시지 말고
이쪽으로 와서 앉으세요.
사빈은 침대 가장자리에 앉는다.

에드몽
앉으며
아래에 있는 친구들이
당신을 찾을 텐데요.

사빈
친구들은 두 시간 동안 실컷
봤어요. 그러니 당신에게 따로

시간을 내는 게 당연하죠.
전 오늘 좀 불안하고
긴장됐어요. 사람들을 초대할
때면 늘 그렇거든요. 자주 있는
일이 아니라서요. 몇 명은
초대하지 말 걸 그랬어요.
정말로 올 줄 몰랐거든요.

에드몽
당신이 의리 있는 친구들을
뒀다는 증거죠.

사빈
혹은 쟤들이 오늘 저녁 달리
할 일이 없었던 거겠죠.
나보다는 내 여동생을 보러
온 거예요. 저런 애들과는
진작부터 어울리지 말아야
했어요. 형편없는 사람들은
싫거든요. 저런 사람들
두세 명하고만 같이 있어도 정말
신경이 곤두서요. 저애들과
같이 있고 싶지 않아요.
전 당신과 같이 있고 싶어요.
그럴 수 있게 해줘요.
사빈은 에드몽의 손을 잡고
그의 어깨에 머리를 기댄다.
우리 그냥 이렇게 있어요.
너무 지쳤거든요. 당신도
여기까지 오느라 피곤할 테죠.
우리 얘기는 그만해요.

사빈은 그에게 몸을 기대고 에드몽은

그런 그녀를 안아준다. 사빈이
고개를 들어 키스를 기다리듯 그를
바라본다. 하지만 에드몽은 그녀에게
미소만 지을 뿐이다. 사빈은 고개를
내리고 다시 그의 어깨에 기댄다.
두 사람은 그 상태로 얼마간 말이 없다.
누군가 계단을 올라오더니 문을 벌컥
연다. 방으로 들어와 두 사람의 모습을
본 리즈는 곧바로 물러난다.

리즈
어머, 미안해요!

에드몽이 안고 있던 사빈을 놓더니
몸을 돌린다.

사빈
날 찾는 거니?
무슨 일이야?

리즈
방 안으로 다시 들어오며
그게… 메르카데 부부가
가신다길래…

사빈
네가 대신 인사 좀 해줄래?
내가 정말 피곤해서.

리즈가 다시 내려간다.
에드몽은 자리에서 일어난다.

에드몽
더는 친구들과의 시간을
뺏고 싶지 않군요.

사빈
제 친구들이 아니라니까요.
게다가 이해해줄 거예요.

에드몽
어쨌든 시간이 늦었네요.
저도 가봐야겠어요.

사빈
오신 지 얼마 안 됐잖아요!

에드몽
그렇긴 한데, 겨우 시간을
낸 거라서요…

사빈
그러니 더욱더 계셔야죠.

에드몽
…지금 꼭 가야만 해요.
내일 아침에 나르본으로 가는
기차를 타야 하거든요.

사빈
그럼 여기서 주무시고 가세요!
제 둘째 여동생 방이 비었어요.

에드몽
고맙지만, 전 내일 아침 기차를
꼭 타야 해요. 초대해줘서
정말 고마워요. 하지만 전…
그러니까… 제가 걱정되는 건…
사빈이 자신을 너무 애처롭게 바라보자
그는 차마 말을 잇지 못한다.
그러니까, 제가 지금 안 가면

밤새 잠을 못 잘 것 같아서요.
월요일 재판에서 변호를 하려면
컨디션이 정말 좋아야 하거든요.
제가 참 이기적이죠.

사빈
그럼 10분만이라도
더 있다 가세요. 하여튼 리즈
저 계집애 때문에!

에드몽
여동생분 탓이 아니에요.

사빈
맞아요!
사빈은 울기 시작한다.

에드몽
사빈! 이러지 말아요!

사빈
울먹이며
전 괜찮아요. 죄송해요.
어서 가보세요.
사빈은 그의 품에 안겨
얼마간 흐느낀다.

에드몽
정말 미안해요.

사빈
제가 미쳤나 봐요.
저에게 화내시면 안 돼요.

두 사람은 손을 잡고 계단을 내려간다.

1층.
에드몽이 사빈의 가족들과
클라리스에게 인사한다. 클라리스가
그를 붙잡아보지만 소용없다. 에드몽은
사빈의 옆 이마에 짧게 입 맞춘다.
사빈은 곧장 자기 방으로 올라간다.

2층.
에드몽에게 선물했던 그림이
침대 위에 그대로 있다. 사빈은
옷을 갈아입기 시작한다.
사빈의 어머니가 문을 두드린다.

어머니
지금 뭐 하니?

사빈
자려고요.
너무 피곤해요.

어머니
손님들은 어쩌고?

사빈
늦었잖아요. 곧 가겠죠.

어머니
인사는 해야지.
그게 최소한의 예의잖니.

사빈
엄마가 대신 해주세요.

어머니
사람들이 뭐라고 생각하겠어?

사빈
제가 아프다고 생각하겠죠.
배탈이 났다고 해주세요.
저 대신 리즈가 있잖아요.
내 생일파티인데 거의
자기 파티나 다름없던데요.
아래 있는 사람들도 대부분
걔 친구들이에요. 그러니 걔가
군말 없이 해야죠!

어머니
성질 좀 그만 부려!
도대체 왜 이러는 거야?
아까 둘이 싸웠니?

사빈
그런 거 아니에요. 그 사람은
그냥 너무 바쁜 거라고요.

어머니
너 울었어?

사빈
당연하죠. 그 사람이
그렇게 가버렸잖아요.
그 사람도 아쉬워했지만요.
엄만 그 사람 어때요?

어머니
음… 물론 정말 괜찮았지.
다만 조금…

사빈
나한텐 조금 과분해요?

어머니
과분하다니, 그렇지 않아.
과분한 사람이란 없는 거야.
그렇다기보다… 너무 높은
곳에 있는 사람 같달까. 엄만
네가 너 혼자만의 상상에
빠져 있지 않길 바랄 뿐이야.
그 사람은 여기 온 게 그렇게
기쁘지는 않은 것 같더라.
도대체 네가 뭐라고 얘길 했길래
여길 온 거니?

사빈
별말 안 했어요.
오고 싶어서 온 거겠죠.

어머니
정말 불편해하는 것 같았어.

사빈
당연하죠. 클라리스 말고는
아는 사람이 없으니까요.
그리고 클라리스는
그 사람을 끊임없이 놀리고요.
뛰어난 변호사도 아주 소심할 수
있잖아요. 아주 신중한 사람
같아요. 내게 처음부터
마구 달려드는 사람이었다면,
내가 좋아하지도 않았을
거라고요.

어머니
너도 그 사람에게 그럼
안 되는 거야!

사빈
엄마!

어머니
알았어! 하여튼
성질 급한 건 알아줘야
한다니까. 도대체 누굴
닮은 건지 모르겠네. 나도
성질이 급하긴 하지만…
이 정돈 아닌데! 잘 자렴.

르망발 파리행 기차.
차창 밖으로 풍경이 지나간다.

파리, 논문 인쇄소.
사빈이 자신의 석사논문 교정쇄를
찾으러 간다.

파리행 르망발 기차.
사빈이 차창 너머로
지나가는 풍경을 바라본다.

사빈 어머니의 집, 1층.
거실에 혼자인 사빈은 통화 중이다.

비서의 목소리
누구시죠?

사빈
사빈이라고 해요.

비서의 목소리
지금 안 계세요. 다음 주에
다시 전화주시겠어요?

사빈
말씀 좀 전해주시겠어요?
사빈이 전화했다고요.

르망발 파리행 기차.
기차가 시골길을 달린다.

사빈의 방.
사빈은 통화 중이다.

사빈
여보세요? 쉬로 변호사님과
통화할 수 있을까요?
…사빈에게 전화달라고
전해주시겠어요? 지난주에
전화했던 사람이에요. 제가
전화했다는 얘기는 하셨나요?
…네 …감사합니다.

.

파리발 르망행 기차.
기차가 시골길을 달린다.

사빈 어머니의 집, 1층.
사빈은 소파에 앉아서 논문 작업
중이다. 누군가 밖에서 유리창을
두드린다. 클라리스다.
그녀가 문을 열고 들어온다.

클라리스
집 안으로 들어오며
왜 요즘 나 보러 안 오는 거야?

사빈
논문 때문에 바빴어.

클라리스
에드몽한테 전화 왔니?

사빈
아니.

클라리스
그럼 넌?

사빈
난 전화 안 할 거야!

클라리스가 외투를 걸어두는 동안,
사빈은 갑자기 수화기를 집어든다.

사빈
안녕하세요. 쉬로 변호사님과
통화하고 싶은데요.

클라리스가 옆으로 와
통화를 함께 듣는다.

비서의 목소리
누구시죠?

사빈
사빈이에요.

비서의 목소리
지금 자리에 안 계신데요.

사빈
제 메시지는 전하셨나요?

비서의 목소리
그럼요. 전해드렸어요.

사빈
아무 말 없으시던가요?

비서의 목소리
연락한다고 하셨어요.

사빈
연락한다고요?

비서의 목소리
연락한다고 하셨다니까요.

사빈
이 사람, 전화를 끊어버렸어!

사빈이 수화기를 내려놓고
클라리스를 바라본다.

사빈
이게 다 너 때문이야.

클라리스
나 때문이라니?

사빈
그래. 네가 자꾸 이상한 소릴
해서 이렇게 된 거잖아!

클라리스
내가 무슨 소릴 했다고 그래?

사빈
그 남자가 나 같은 타입의
여자를 좋아한다는 둥 우리 둘이
엄청 잘 어울릴 거라는 둥 네가
그 사람한테 이런 얘길 끝임없이
하는 바람에 이렇게 된 거라고!

클라리스
에드몽은 내가 자길
놀리는 걸 좋아해. 자기가
직접 그랬다니까.

사빈
어쨌든 내 앞에선 하지
말았어야지. 나도 불편하고
그 사람도 불편해지잖아.

클라리스
네가 에드몽의 맘에 들었다면
그런 걸로 그의 감정이 달라지진
않아. 난 오히려 두 사람을
도와준 거라고. 두 사람을
편하게 만들어준 거지.

사빈
그렇게 해서 우리가 참 잘도
편해졌겠다!

클라리스
왜? 에드몽이랑 불편해?

사빈
아냐, 편해.
하지만 그건 네 덕이
아니라고.

클라리스
네 생각만큼 그렇진 않을걸.
난 일부러 실없이 구는 거야.
그렇게 첫발을 내딛는 거지.
그 중요하다는 첫발 말이야!
그럼 두 사람이 가까워지느라
애쓰지 않아도 되잖아.

사빈
우린 가까워지지 않았어!

클라리스
그렇다면 그건 네 탓이란다,
친구야. 거리를 두고 싶어
했던 건 너잖아.

사빈
너한테 골백번도 더
얘기했잖아. 날 그냥 가지려는
남자가 아니라 날 소중히
아끼는 남자를 원한다고!

클라리스
우선 널 가져야 널 소중히
아낄 수 있는 거야.
시몽도 널 아꼈잖아.

사빈
결혼을 하려고 그런 게
아니잖아.

클라리스
시몽은 유부남이었으니까.
에드몽은 싱글이잖아.
완전히 다른 얘기라고…
그래서 이제 뭘 어쩔 셈이야?

사빈
하나도 모르겠어.

클라리스
그럼 조금만 더 기다려봐.

사빈
지겨워! 기다리는 거
정말 지겹다고! 너무나
완벽했는데 이게 뭐야!

클라리스
내가 한번 전화해볼게.
내 연락은 받을 거야.
그거 확실해.

사빈
싫어! 편지를 써볼까.

클라리스
얘, 편지는 정말
위험할 수 있는 거야.

사빈
이렇게 된 마당에, 뭘!
계속 이러고 있을 순 없어.

설명을 들어야겠어. 내가 맘에
안 드는 거라면 적어도 내게
말을 해야 할 거 아냐!
날 피하는 거라면 그는 결국
아무 말도 하지 않을 거라고.
말을 해야 할 거 아냐, 말을!
사빈은 흐느끼기 시작한다.
그렇게 비겁한 남자는 처음 봐…
겁먹은 거야, 뭐야?
있지, 난 꼭 알아야겠어!
어쨌든 그 사람을 잡아먹진
않을 거라고!
사빈은 씩씩대다
눈물범벅이 된 얼굴로 웃는다.

파리, 공중전화 부스.

사빈
여보세요? 쉬로 변호사님
부탁합니다…
상담이 언제 끝나는데요?
아니, 이것 보세요.
제가 꼭 할 얘기가 있다고요!
화가 난 사빈은 수화기를
쾅 내려놓는다.

파리, 거리.
사빈은 공중전화 부스에서 나와
길을 건너더니 고급스러운 건물 안으로
들어간다.

에드몽의 변호사 사무소, 비서실.

사빈
안녕하세요.
쉬로 변호사님을 뵈러 왔어요.
정말 급한 일이에요.

비서
이를 어쩌죠. 변호사님은 지금
상담 중이셔서요.

사빈
제가 찾아왔다고 전해주세요.

비서
수첩을 살펴보며
성함이?

사빈
사빈이에요.

비서
죄송하지만, 변호사님께서
상담 중에는 어떤 경우에도
방해받는 걸 원치 않으셔서요.

사빈
그럼 나오실 때까지
기다리죠, 뭐.

비서
끝나려면 한참 걸릴 거예요.

사빈
전 바쁘지 않아요.

남는 게 시간이거든요.

사빈은 소파에 앉는다. 그녀가 자리에
앉자마자 전화벨이 울린다.

비서
여보세요? …누구시죠?
…죄송하지만 변호사님께서
현재 상담 중이셔서요.
한 10분쯤 뒤에 다시
전화주시겠어요?
…네, 감사합니다.

사빈이 그녀를 매섭게 노려본다.
곧 의뢰인과 함께 모습을 드러낸
에드몽은 사빈을 못 본 척한다.
사빈이 자리에서 일어나 사무실로
돌아오는 에드몽에게 다가간다.
사빈은 그녀가 낼 수 있는 가장 경쾌한
어조로 그에게 먼저 말을 건넨다.

사빈
잠시 파리에 왔다가 인사나
할까 하고 들렀어요.

에드몽
정말 감사해요. 하지만 지금은
제가 도저히 시간을 낼 수가
없네요. 상담이 계속 잡혀
있어서요. 벌써 다음 의뢰인이
도착할 시간이에요.

사빈
아직 안 오셨잖아요…

에드몽은 비서 쪽을 힐끗 바라본다.
그녀의 얼굴에서 웃음이 삐져나온다.

에드몽
그럼, 잠깐 들어오시죠.
하지만 의뢰인이 곧 도착할
거예요.
에드몽은 사빈을
자신의 방으로 들인다.

에드몽의 사무실.

사빈
걱정 마세요. 인사도
드릴 겸 지난번 일을 사과하고
싶어서 온 거니까요.

에드몽
무슨 사과요?

사빈
아시잖아요. 제가 그때 너무
투정을 부렸죠.
신경질을 냈잖아요.

에드몽
제 잘못이죠. 너무 늦게
도착했으니까요. 꼭 가겠다는
말을 하지 말았어야 했는데.

사빈
아니에요. 바쁘셔서 일찍
가시긴 했어도 당신이 와줘서
제가 얼마나 기뻤는지 몰라요.

정말 큰 감동을 받았어요.
이 말을 꼭 하고 싶었어요.

에드몽
잠시 말이 없다가
제 편지는 받으셨나요?

사빈
제게 편지를 쓰셨어요?

에드몽
네, 지난주에요. 발롱의
어머니 댁으로 보냈죠. 편지가
금요일이나 토요일에야
발송됐나 보네요. 그럼 아마
오늘 우편물로 받으실 거예요.
전화벨이 울린다.
에드몽이 수화기를 집어 든다.
…네, 바꿔주세요.
…장드로 부인?
…네, 괜찮습니다.
…기다리고 있겠습니다.
…15분 뒤요?
…네, 그럼 곧 뵙죠.
에드몽은 수화기를 내려놓는다.

사빈
좀 앉아도 될까요?
사빈은 의자에 앉는다.

에드몽
네. 그런데 그게… 의뢰인이
조금 늦으신다네요. 그럼 상담
시간이 줄어들게 돼서 그분의
자료를 좀 검토해야 하거든요.
에드몽이 책상 앞으로 간다.

사빈
일어서며
알겠어요. 그럼, 이만 갈게요.
오늘 저녁에 뵐 수 있을까요?

에드몽
아뇨. 약속이 있어요.

사빈
그럼 내일 저녁은요?

에드몽
내일도 약속이 있어요.

사빈
모레는요? 이번 주에는 계속
파리에 있을 수 있거든요.

에드몽
미안하지만 이번 주 내내
약속이 있어요. 하지만 제가 쓴
편지가 분명 도착했을 거예요.

사빈
그럼 당신이 쓴 편지를 읽으러
르망으로 돌아가야겠군요.

사빈은 문 쪽으로 걸어간다. 에드몽이
그녀에게 다가와 팔을 붙잡는다.

에드몽
잠깐만요. 화내지 마세요.
그 편지는…

다시 전화벨이 울린다.
그가 수화기를 든다.
네, 네. 다시 전화하라고 하세요.
적어도 1시간 후에요.
수화기를 내려놓는다.
…그러니까 그 편지는
…다시 좀 앉으시죠.
어쨌든 잠시 얘기 나눌 시간은
있겠어요. 그러니까 제가
편지를 쓴 건… 글로 쓰는 게
차라리 나은 일들이 있잖아요…
그 편지를 읽어보셨으면
좋겠어요. 정말로요…
무슨 내용인지도 말씀 안 드리고
이런 얘길 하는 게 불쾌하게
느껴지시리란 거 압니다.
사실 별로 중요한 내용도
아니에요. 급하게 떠난 것에
대해 사과했죠. 하지만 전
그다음 날 기차를 꼭 타야만
했거든요.

사빈
잘하셨어요.
제가 어린애처럼 굴었죠.

에드몽
사실 제 편지에 당신이
모를 만한 얘기는 전혀 없어요.
하지만 제 말투가 좀 차갑게
느껴지실까 봐 걱정스럽네요.
기분이 상하실 수도 있고요.

사빈
사과를 받으면서 어떻게
기분이 상할 수 있다는 건지
잘 모르겠네요.

에드몽
사과만 한 건 아니었거든요.
알고 싶으세요? 이왕
이렇게 오셨으니 편지는
소용없겠네요. 그냥 읽지
말고 찢어버리세요.
약속해주시겠어요?
좋아요. 제가 그날 그렇게
떠난 건 불편했기 때문이에요.
가족 모임에 껴 있으려니
영 편치가 않더군요. 제가
거기 있는 모든 사람들로부터
주목받고 있단 걸 깨달았어요.
제가 무슨 얘길 하는지
이해하실 거라 생각해요.

사빈
아니요. 정말 모르겠어요.
그날은 제가 주목의
대상이었고, 당신은 호기심의
대상이었죠. 자연스러운
일이잖아요. 처음 보는
사람이라면 그게 누구라도
그럴 수 있죠. 설마 남들
의견이 당신에게 그렇게까지
중요하다는 얘길 하시는
건가요?

에드몽
당신과 가까운 사람들이니까요.
당신 어머니라든지.

사빈
우리 엄마요? 우리 엄마가
당신에게 뭐라고 하셨길래?

에드몽
아무 말도 않으셨어요.
정말 아무 말도.

사빈
그런데 왜요? 설명을 좀
해보세요. 제가 둔해서 그런지
몰라도 꼭 설명을 들어야겠어요.

에드몽
제 상상력이 너무 풍부했다고
해두죠. 그리고 이 얘긴 더
하지 맙시다. 다만 전 지독히도
독립적인 사람이란 걸
알아주셨으면 좋겠어요. 그리고
지금으로선 누군가를 만나서,
법률 용어로 설명하자면 저의
독립적인 생활을 양도할 마음이
조금도 없습니다.

사빈
당신을 곤란하게 해서 죄송해요.
하지만 내게 연락하라고
무척이나 다정하게 말한 건
당신이었어요. 전 친구로서
연락드린 거라고요. 누군가에게

우정 어린 마음을 품을 수
있는 거잖아요. 꼭 그렇게
상대를 쫓아다니는 거라고
의심받아야 하나요?

에드몽
당신을 의심하는 게 아니에요!
당신에게 뭐라고 하는 게
아니라고요. 난 당신에게
친구로서 주의를 주는
거예요. 당신에 나에 대해
헛된 기대를 품지 않았으면
해서요. 전 그럴 수 없는
사람이에요. 심지어 친구로서도
마찬가지예요. 우선 제가 현재
너무 바쁘거든요. 전 일이
매우 중요해요. 옳든 아니든,
일은 제게 늘 우선이죠. 매우
이기적이라는 거 알아요.
심지어는 불쾌하게 느껴질 수도
있죠. 하지만 이런 제 모습을
일부러 감추고 싶지는 않습니다.
그리고 또… 이건 하기 더
어려운 얘기인데요… 사실 전
아무 핑계나 대고 이 상황을
피할 수도 있을 거예요.
이를테면 전 여자를 좋아하지
않는다든가, 정말 사랑하는
여자가 있다고 둘러대면서요.
혹은 당신이 아름답긴 하지만
개인적으로 제가 좋아하는
타입은 아니라는 핑계로요.

사실은 정반대예요. 이런 얘기를 하는 게 경솔할 수도 있겠지만, 그냥 할게요. 당신은 제가 대체로 끌리는 타입의 여성이에요. 그리고 바로 그렇기 때문에 이토록 격렬히 당신의 매력에 저항하는 겁니다. 도대체 왜 저항을 하냐고요?

사빈은 모든 애정이 사라진 눈빛으로 아무 말 없이 그를 탐문하듯 바라본다.

…맞아요. 매우 유감스럽게도 그리고 정말 이해할 수 없게도, 전 당신을 사랑하지 않거든요. 당신이라는 사람과는 아무 상관없는 일이에요. 이건 오로지 저의 문제일 따름이에요. 그러니 당신이 제 말을 듣고 절대 상처받지 마셨으면 해요.

사빈
전혀 안 그래요. 제가 당신의 맘에 들지 않는대도 전 상처받지 않아요. 각자 취향이 있는 거니까요. 제가 무조건 당신 맘에 들어야 한다는 법은 없잖아요!

에드몽
당신이 맘에 든다고 했잖아요! 이걸 어떻게 설명하는 게 좋을까요… 저급한 비유를 드는 걸 양해해주세요. 제가 정말 마음에 드는 시골 별장을 발견했다고 칩시다. 하지만 당장 제가 시골에서 살 마음이 없다면 그 집을 사야 할 이유는 없는 거죠. 현재로서 전 혼자인 게 좋아요. 파란만장한 연애를 끝낸 지 얼마 되지 않았거든요. 이렇게 빨리 다른 여자를 만나고 싶지 않네요. 전 당신의 감정을 존중해요. 저의 행동이 직접적이든 간접적이든 당신에게 오해를 불러일으키지 않길 바라고요. 전 당신과 진정으로 우정 어린 관계가 됐으면 해요. 하지만 제가 너무 바쁘다 보니 아주 뜸하게 볼 수밖에 없겠죠. 전 말이죠, 실제로 그럴 마음도 없으면서 "조만간 연락드리죠."라고 말하는 사람들의 위선이 싫어요. 지난번에 제가 지키기도 못할 약속을 한 건 잘못이에요. 당신 방에 같이 있었을 때 제 입장을 분명히 해야겠다고 생각했어요. 그러는 게 솔직한 걸 테니까요. 하지만 당신의 파티를 망치고 싶지 않았죠.

사빈이 자리에서 일어난다.

사빈
좋아요. 이제 당신을 귀찮게 할 일 없을 거예요.

에드몽
이렇게까지 솔직히
얘기하는 걸 용서해줘요…
그렇게 화가 나서 가시면
제 마음이 편치 않을 거예요.

사빈
화나지 않았어요.

에드몽
아무래도 조금은 화가 나셨겠죠.
그게 당연한 거고요…
에드몽이 사빈의 팔을 잡는다. 사빈은
거칠게 팔을 빼더니 그를 노려본다.
잠시만 더 계세요. 의뢰인이
좀 늦으시네요… 당신은
똑똑하고 세심한 사람이잖아요.
당신에게 제 마음을 솔직히
털어놓고 싶었어요. 화내시지
않고 제 입장을 모두
이해하실 거라 믿습니다…
이런 얘길 털어놓기엔 때를
잘못 골랐다 말씀하시겠죠.
하지만 중대한 결정들은 때때로
불편한 순간에 내려지기도
한답니다. 느닷없이 조약이
체결되기도 하고 전쟁이
선포되기도 해요. 우리의
다툼은, 이게 다툼이라면,
국가 간의 분쟁도 아니잖아요.
하지만 전 이 일을 결코 가볍게
여기고 있지 않습니다. 믿으실지
모르겠지만요. 이런 제 생각을

오해하신다면 정말 가슴
아플 거예요. 특히 제 편지를
읽으시고 그러지 않으셨으면
좋겠어요. 왜냐면 읽으실
거니까요. 분명 그럴 거예요.

사빈
아뇨. 찢어버릴 거예요.
약속했잖아요!

에드몽
읽으셔도 돼요. 이미 당신에게
모든 얘길 해버린 마당에 그건
중요하지 않아요. 당신이
꼭 이해해줬으면 하는 게
있어요. 하지만 당신이 정말로
이해했을 것 같지가 않아요.
그건 바로 제가 당신의 태도를
두고 판단하지 않았다는
거예요. 오히려 제 태도에
문제가 있거든요. 제겐 단점이
하나 있는데 극복하는 데 항상
실패하죠. 그건 바로 제가 젊고
예쁜 여자들에게 너무 약하다는
거예요. 그래서 종종 고통스러운
선택을 해야 하는 곤란한
상황에 처하곤 했어요. 하지만
이제는 적절한 때에, 그러니까
아직 위험한 단계로 접어들지
않았을 때, 아직은 두려운
예감만 있을 때 그걸 멈춰보려는
거예요. 그러니까 중요한 일이든
덜 중요한 일이든 제가 온전히

제 의지에 따라 선택할 수
없는 상황을 막아보겠다는
거죠. 분명히 말하건대, 제가
결혼을 하게 된다면, 물론 당장
그럴 일은 없지만 언젠가 하게
될 테니까요. 그렇다면 전
제 아내를 온전히 제 의지에
따라 선택하고 싶어요. 그뿐만
아니라 결혼에 대한 생각을
했을 때이길 원해요. 제가 먼저
그러진 않더라도, 적어도 결혼
생각은 두 사람이 동시에 하길
바라는 거예요. 만약 상대방이
혼자 앞서 나간다면…

사빈
누가 결혼 얘길 하는데요?
제가 당신과 결혼하고 싶어
한다는 그런 엉뚱한 생각은
도대체 어떻게 하신 거죠?
스스로를 대단히 고귀한
사람이라 여기시는 건 아닌지
걱정되네요, 변호사님! 지금
당신이 어떤지 말씀드리죠.
당신은 두려운 거예요. 제가
당신을 차지할까 두려운 거죠.
그런 거라면 안심하세요.
당신에게 그 정도로 관심이
있는 건 아니에요. 당신보다
더 젊고, 더 잘생기고,
더 괜찮은 남자들이 널리고
널렸으니까요. 제가 잘해보고

싶은 건 그런 남자들이라고요!
당신이 아니라!

에드몽
사빈! 화내지 말아요!
제 말이 바로 그 말이잖아요.
우린 같은 생각을 하고 있는데,
왜 다퉈야 하죠?
사빈은 대답 없이 문 앞으로 가
손잡이를 잡는다.
사빈! 내 말 좀 들어봐요!
그렇게 가지 마세요!

에드몽은 문을 잡아보지만
사빈이 있는 힘껏 문을 당긴다.

사빈
절 그냥 두시라고요!
더 설명하지 않으셔도 돼요.
다 이해했다고요!

에드몽
제가 솔직하게 굴었다고
비난하시려는 건 아니겠죠!

사빈은 에드몽을 밀치고 문을 연 뒤
대기실로 나간다. 비서가 깜짝 놀라
그 모습을 바라본다.

비서실.

사빈
입구 쪽으로 향하며
솔직했다고요? 어이가 없어서

웃음이 나네요! 당신은
위선자예요! 게다가 겁쟁이죠.
사람들 입에 오르내리는 게
두려우신가요? 어쩌죠? 그렇게
되어버린 것 같은데!
그럼 안녕히 계세요, 변호사님!

사빈은 인사를 하고 층계참으로 난
문을 벌컥 연다.

층계참.
그때 에드몽이 기다리던 의뢰인이
도착한다. 화가 머리끝까지 난
사빈은 그대로 걸어 나가다 의뢰인의
발을 밟고 만다. 발을 밟힌 부인이
소리를 지른다.

의뢰인
아야!

사빈
걸음을 멈추지 않고
죄송합니다!

의뢰인
제대로 사과를 하셔야죠!

사빈
이미 했잖아요.
죄송하다고요.

의뢰인
누군가에게 부딪혔으면
적어도 가던 걸음은

멈춰야 하는 거 아닌가요?

사빈
죄송해요. 제가 좀 바빠서요.

의뢰인
누군 안 바쁜 줄 아세요?

사빈
죄송하다고 했잖아요!

의뢰인
사빈의 소매를 잡아 돌려 세우며
적어도 마주 보고
사과해야 할 거 아녜요!

사빈
늙은 쥐의 낯짝 따윈
보고 싶지 않다고요!

부인은 기가 차 신음만 겨우 내면서
사빈에게 따귀를 날리지만, 방향이
엇나가 사빈이 보기 좋게 피한다.
상대가 혼란스러워하는 틈을 타 사빈은
그녀가 손에 들고 있던 서류철을
낚아채더니 그대로 던져버린다.
종이가 공중에 흩날리며 층계참 위로
떨어진다. 사빈은 전속력으로 계단을
내려간다. 이 장면을 목격한 에드몽은
정중히 의뢰인을 도우며 흩뿌려진
서류들을 주워 모은다.

의뢰인
변호사님, 길길이 날뛰는
저 여자는 대체 뭐죠?

에드몽
부인, 이쪽 일을 하다 보면
온갖 별난 사람을 만나게
된답니다.

거리.
사빈이 건물에서 빠져나와
잰걸음으로 멀어져 간다.

기차.
사빈은 생각에 잠겨 있다.
그녀의 얼굴에 잠시 미소가 번진다.

클라리스의 작업실.
사빈은 클라리스가 전등갓을
만드는 일을 돕고 있다.

사빈
이제 그 남잔 정말 별로라
그의 편지를 읽고 싶은 마음이
조금도 없어. 아주 괜찮은
남자일지도 모르지만 사실
내 마음엔 들지 않아.
남자로서 내가 좋아할 만한
구석이 하나도 없어. 그의
목소리도, 행동도, 코도,
입도, 피부도 전부 별로야.
결국 난 그 사람의 아무것도
좋아하지 않는 거야. 사실 난

내가 그 사람을 그렇게까지
맘에 들어 하지 않는다는 걸
쭉 알고 있었어. 내가 결혼을
하게 된다면, 처음 본
순간부터 내 맘에 드는 남자랑
할 거야. 네가 첫눈에 반했느니
어쨌느니 그런 엉뚱한 소리를
하면서 다 망쳐놓은 거라고.
첫눈에 반하는 사랑 같은 건
전혀 없었어.

클라리스
그렇게 따지고 들면 넌 이상형을
절대 찾을 수 없을 거야.

사빈
그나마 시몽이 나았어.
우린 처음 본 순간 서로를
맘에 들어 했거든.

클라리스
그래, 결국 시몽이 네게
잘 맞았던 거야.

사빈
맞아. 하지만 애 딸린
유부남은 싫어.

르망발 파리행 기차.
기차는 곧 출발 예정이다.
사빈은 앉을 자리를 찾아 복도를 따라
걷는다. 승객들 중에 영화 초반에
등장했던 젊은 남자가 보인다.

사빈이 그의 옆을 지나가며 그를
알아본다. 그녀는 계속 걸어갈
듯하다가 이내 걸음을 멈추고
돌아선다. 남자의 맞은편 자리가 비어
있다. 사빈은 그 자리에 앉는다.
기차가 출발한다. 두 사람의 시선이
서로에게 오간다. 사빈이 웃는다.
젊은 남자도 웃는다.

●

Pauline à la plage

해변의 폴린

개봉 ☞ 1983년 3월 23일
러닝타임 ☞ 1시간 34분

폴린 ☞ 아망다 랑글레
마리옹 ☞ 아리엘 동발
피에르 ☞ 파스칼 그레고리
앙리 ☞ 페오도르 아트킨
실뱅 ☞ 시몽 드 라 브로스
루이제트 ☞ 로제트

영상 ☞ 네스토르 알망드로스
영상보조 ☞ 플로랑 바쟁, 장 쿠지
음향 ☞ 조르주 프라트
음향보조 ☞ 제라르 르카
사운드믹싱 ☞ 도미니크 엔캥
편집 ☞ 세실 드퀴지
편집보조 ☞ 카롤린 티벨
음악 ☞ 장루이 발레로
현장진행 ☞ 마리 부틀루,
　에르베 그랑사르, 미셸 페리
제작사 ☞ 레필름뒤로장주,
　레필름아리안

> "말이 너무 많으면
> 화를 당한다."
> ―크레티앵 드 트루아

마리옹의 집.
정원 안쪽에 덧문이 닫혀 있는 집이
보인다. 차 한 대가 도착하더니 대문
앞에서 멈춰 선다. 마리옹은 열다섯 살
난 사촌 동생 폴린에게 열쇠를 건넨다.
폴린은 대문을 열고 문짝을 붙잡는다.

마리옹과 폴린은 짐을 풀었다.
마리옹은 정원의 테이블에 앉아 그림을
그리고, 폴린은 수국을 살펴본다.

마리옹
이웃들은 다 떠났나 봐.
우리 정말 조용히 지낼 수
있겠어. 이 집에 전화기가
없는 게 참 다행이지.
여기서라면 몇 시간이고

꼼짝 안 하고 쉴 수
있을 것 같아.

폴린
해변에는 안 가?

마리옹
가야지, 수영하러.
하지만 거기서 오래 있는 건
별로야. 책을 읽고 일하는
장소로는 여기가 훨씬 낫지.

폴린
난 해변이 더 좋아.

마리옹
실망하게 될걸.

폴린
아니. 난 해변에 가고 싶어.
올해 들어 아직
못 가봤단 말이야.

마리옹
진짜?
그럼 스페인 갔을 땐?

폴린
수영을 하긴 했지만
오래 머물진 않았어. 매일
장소를 바꿨거든.

마리옹
그게 낫지.
다양하게 볼 수 있잖아.

폴린
아니야! 제대로 볼 시간이
없잖아. 게다가 엄마
아빠랑 같이 있어서 맘껏
놀지도 못했다고.

마리옹
그래서 여행이 재미없었어?

폴린
흥미롭긴 했지.
하지만 재미는 없었어.

마리옹
너한테 재밌는 건 뭔데?

폴린
우선 내 또래 사람들을
만나야겠지.

마리옹
하지만 여기엔
네 친구들이 없잖아.

폴린
찾으면 돼.

마리옹
하지만 이맘때면 벌써 다들
돌아갔을 텐데.

폴린
아니길 바라야지…
부모님이랑 두 달 동안 함께
지내는 건 그렇게 즐거운 일이
아니잖아. 아무리 나한테

잘해주신다 하더라도.
휴가 때면 늘 친구들을 사귀곤
했는데, 올해는 못 그랬어.

마리옹
남자애들 아님 여자애들?

폴린
두 쪽 다.

마리옹
아무래도 남자애들이겠지?

폴린
아냐. 꼭 그렇진 않아.

마리옹
남자친구 만나고 싶지 않아?

폴린
그냥 친구면 돼.

마리옹
잠시 말이 없다가
정말 그냥 친구면 돼?
폴린은 마리옹 곁에 가 앉는다.
말해봐.
사랑해본 적 있니?

폴린
없어.

마리옹
아니잖아. 확실히
기억나는데. 나중에 크면
결혼할 거라고 말했던

같은 반 남자애 있었잖아.

폴린
물론 그랬지. 꼬맹이였을 때.

마리옹
그 뒤론?

폴린
없었어.

마리옹
아무도?

폴린
뭐, 호감이 가던 남자애들은
꽤 있었지.

마리옹
그래서?

폴린
그게 다야.

마리옹
그게 다라고? 아무 일도 없었어?
그 남자애들도 너한테
호감을 느꼈을 거 아냐.

폴린
그랬을 수도 있지.
하지만 보통은 잠깐 만나고
바로 헤어진 애들이었어.
그래서 잘 모르겠어.

마리옹
그게 무슨 소리야?

폴린
이를테면 작년에 이탈리아에
갔을 때, 식당에서 밥을
먹고 있었는데 옆 테이블의
남자애가 날 바라보더라고.
우리는 서로를 보면서
슬쩍 웃었지. 그리고 걔는
가버렸고.

마리옹
네 또래 남자애였어?

폴린
아니. 나보다 좀 많았어.
열여섯이나 열일곱쯤 됐으려나.
난 작년에 열네 살이었잖아.

마리옹
이탈리아 사람?

폴린
아니. 프랑스 사람.

마리옹
그럼 다시 만날 수도 있겠네!

폴린
아마도. 심지어 파리
사람이었어. 차 번호판을
봤거든.

마리옹
그럼 넌 언젠가 길을 걷다
우연히 그 앨 만나길
기대하고 있는 거야?

폴린
설마!

마리옹
혹시라도 만나게 된다면
어떨 것 같아?

폴린
모르겠어.

마리옹
말은 걸 수 있겠어?

폴린
아니!

마리옹
그럼 그 남자앤?
그럴 수 있을까?

폴린
아마도. 어쨌든 난
그 남자애한테 진짜로 관심
있는 건 아닌 것 같아.
게다가 우리가 다시 만날
확률은 전혀 없잖아. 뭐, 거의
없다고 봐야지. 다시 만나는
상상을 해보긴 했는데,
만나질 것 같진 않아. 그냥
소설을 한번 써본 거야.
그리고 이제는 너무 늦었지.
만나지 않는 편이 나아.

마리옹
알겠다. 그러니까 너는

다른 남자애를 만나고 싶긴
한데, 떠나지 않을 사람을
원하는 거야…

폴린
아니. 난 아무것도 원하지 않아.
못 알아들은 척하기는.

마리옹
아니, 그런 거 아닌데.
아무래도 내가 너무
나이 들었나 봐.

폴린
안 그래. 심지어 언니는
내 나이처럼 느껴진다고.
언니가 결혼했었다는 게
믿기지 않는다니까.

마리옹
나도 그래. 내가 진정으로
결혼했던 게 아니었는지도
몰라. 그러니까 내 말은, 내 맘속
깊은 곳에서는 나 스스로
결혼한 사람이라는 걸 믿지
않았다는 거지.
그래서 잘 안된 걸 거야.

해변.
해수욕을 즐기고 물에서 나오던
마리옹과 폴린의 눈에 윈드서핑을 하는
사람들이 들어온다. 그중 한 사람이
물으로 나온다.

마리옹
어머, 피에르잖아!

폴린
누구?

마리옹
피에르라고, 내 오랜
친구야. 세상에, 결혼 전에
보고 못 본 것 같은데…
피에르!

피에르는 모래사장을 가로질러
뛰어와서 마리옹과 포옹한다.

피에르
마리옹!
이게 웬일이야!

그는 폴린을 슬쩍 바라본다.
마리옹은 그에게 폴린을 소개한다.

마리옹
내 사촌 동생 폴린이야.
서로 모르지?
폴린은 여기 처음 왔거든.

피에르
넌? 너 안 온 지 적어도
5년은 된 것 같은데.

마리옹
정확해. 너 기억력이 좋구나.
하지만 보라고,
이렇게 돌아왔잖아.

피에르
난 매년 왔어.
여기 온 지 오래됐어?

마리옹
아니. 막 왔어.
집이 비어서 내가 좀 쓰려고.
오빠네 가족은
파리로 돌아갔거든.

피에르
너희 오빠 가끔 봤어.
네가 일이 많다고 그러던데.

마리옹
8월 내내 컬렉션 준비하느라
바빴지. 그래서 좀 쉬려고 왔어.
넌? 공부는 다 끝났어?

피에르
그렇기도 하고 아니기도 하고.
어쨌든 전공 과정 중이야…
여긴 혼자 왔어?

마리옹
응. 개학까지 여기
있을 거야. 폴린도 같이.
얘 부모님이 나한테 얠
맡기셨거든.
뭐, 말하자면 그래…
마리옹은 모래 위에 놓인
서핑보드 쪽으로 걸어간다.
넌? 아까 보니
완전 챔피언 같던데!

피에르
너도 타?

마리옹
아니. 전혀.

피에르
내가 가르쳐줄게.

마리옹
우린 잠깐 머물다
갈 건데 뭐.

피에르
며칠이면 돼. 올해는
감만 익히고, 내년에 와서
계속하면 되지.
이건 힘이 아니라 균형감이
중요한 스포츠거든.
자, 한번 봐.

피에르는 모래 위에서
시범을 보인다.

마리옹
엄청 어려워 보이는데!

피에르
아니라니까!

모래사장을 따라 걷던 앙리가
세 사람 주변을 서성인다.
특히 마리옹과 폴린을 유심히
관찰한다. 마리옹이 그런 앙리의
존재를 눈치챈다. 피에르도
그를 알아보고 짧게 인사한다.

앙리
이봐, 피에르!
날 배신하는군.
날 가르쳐주기로 해놓고
말이야.

피에르
수업 필요 없는 사람이면서
뭘 그래.

마리옹
앙리에게
제 친구가 잘 가르치나요?

앙리
훌륭한 선생님이죠.

모두가 서로의 얼굴을 빤히 바라본다.
피에르는 내키지 않는다는 얼굴로
어쩔 수 없이 서로를 소개한다.

피에르
이쪽은 앙리,
이쪽은 마리옹.

마리옹
얘는 제 사촌 동생
폴린이에요…
얘 말처럼 배우기
그렇게 쉬울까요?

앙리
아니요. 저번에 한번 빌려서
타봤는데, 얼마나 어려운지
금방 알겠더군요.

피에르

엄살 부리지 마!
훨씬 어려운 것도 하면서.

마리옹에게

카누로 집채만 한 파도를
넘는 사람이라고.

마리옹

어디서요?
아프리카에서요?

앙리

남태평양에서요. 거기 살거든요.
전 민족학자고요…
아, 저기 제 딸이 오네요. 마리!

마리가 뛰어온다. 앙리는 자신의 딸을
소개한다. 딸은 아빠에게 바짝 몸을
붙인 채 두 여자를 유심히 살핀다.

앙리

도대체 뭘 했길래 머리가
온통 모래투성이야?

마리

가엘이랑 브르타뉴
레슬링을 했거든.

앙리

브르타뉴 레슬링?
그건 서로 어깨를 잡고 서서
하는 건데!

마리

응. 근데 넘어졌어요.

앙리

네 친구가 넘어트렸어?

마리

같이 넘어졌어.

앙리

딱해라, 우리 딸! 근데 그랬음
그건 브르타뉴 레슬링이 아니야.
그레코로만 레슬링이지.

마리

뭐? 레토노만?

앙리

아니. 그레, 코, 로, 만.
자, 얼른 가서 씻으렴.
아빠가 금방 갈게.

다른 사람들에게

재밌는 아이죠. 다들 오늘
저녁에 뭐 하세요? 저희
집으로 식사하러 오시죠.
바로 요 앞이에요.

피에르

난처해하며

우리는 레스토랑에
갈까 했는데.

마리옹

난 이 동네 레스토랑은
별로야.

앙리에게

좋아요. 그럼 저희가
요리하는 걸 돕죠.

앙리는 피에르에게 보드 정리를
돕겠다고 한다. 피에르는 그의
제안을 사양하고 곧 따라가겠다고
대답한다. 해변을 올라간 나머지 셋은
제방을 건너 앙리의 집 뒤편으로 곧게
뻗어 있는 길로 접어든다. 그들은
쪽문을 통해 정원으로 들어간다.

앙리의 별장.
밤이 되었고, 식사는 끝났다. 네 사람은
거실에 놓인 가지각색 의자에 각자
앉아 있다. 앙리는 딸을 무릎에 앉혔다.

앙리
이 아이는 나를 세상에
매어두는 유일한 존재죠.
말 그대로 지리학적 의미에서
지도 위의 정확한 한 지점에
날 고정한다는 뜻이에요.
이 아이 때문에 난 집 있는
사람이 됐다니까요. 최고의
아이러니죠! 형제들이 이
별장을 팔고 싶어 했는데
내가 사들였어요. 그럼
휴가 때 마리를 여기로 부를 수
있으니까요. 아주 편해요.
얘는 자기 엄마랑 렌에
살거든요.

마리
수요일엔 엄마한테
데려다주는 거지?

앙리
그럼! 얼른 가고 싶은 거야?
마리는 다정하게
아빠 품에 안겨 있다.
휴가가 끝났네.
거의 가버렸어. 너랑 있으면
시간이 너무 빨리 간다니까.

마리
앙리의 귀에 대고 속삭이며
아빠랑 있어도
시간이 빨리 가요.

앙리
어이구, 예뻐라!
자, 이제 가서 자렴. 좀 이따
올라가서 뽀뽀해줄게.

마리는 사람들에게 인사를 하고
침실로 올라간다.

마리옹
일을 하려면 한 군데
정착해야 하지 않나요?

앙리
물론 그래요. 한곳에 오래
머물러야 하죠. 하지만
지금은 일정한 거처 없이
지내고 있어요. 마치
유목민처럼 가고 싶은 곳으로
내가 원할 때 자유롭게
이동하죠. 누구에게 얘기할
필요도 없고요.

마리옹
하지만 거기서도 혼자
지내시는 건 아니겠죠?

앙리
혼자예요. 그러니까
몇 년 전부터는, 말하자면
가벼운 만남만 가져왔죠.
애정 어린 진지한 관계는
없었어요. 내 딸아이의
엄마는 무조건 '집'과
일체감을 느끼려는 여자죠.
그런데 난 집도 가구도
없는 사람이잖아요.
물론 이 별장을 제하고요.
여긴 집이라고 볼 수
없으니까요. 그리고 난
여자가 어떤 방식으로든 자신을
가구처럼 여기길
강요하는 건 정말 싫거든요.

마리옹
그것참 잘된 일이네요.

앙리
하지만 내 전처는 그걸
강요하는 사람이었다니까요!
난 그녀가 나만큼이나
자유롭고, 유동적이고,
가볍고, 가방 없이도 어디든
훌쩍 떠날 수 있는
사람이길 바랐죠. 물리적으로나
정신적으로나.

마리옹
하지만 그분은 딸을
키워야 했을 거 아니에요.

앙리
나도 딸을 키웠어요.

마리옹
하지만 직접 돌보진
않았겠죠.

앙리
아니에요. 처음 2년은
제가 돌봤어요.

마리옹
아이가 당신에게 짐이 되진
않았나요?

앙리
별로 안 그랬어요.

마리옹
아이의 엄마보다는
덜했던 건가요?

앙리
말해 뭐 하겠어요.

마리옹
그럼 직접 키우세요!

앙리
그건 안 돼요. 우선 나한테
권리가 없어요. 그러니까 법적
권리가 없다는 얘기예요.

그리고 난 아이는 뿌리를 내리고
살아야 한다고 생각해요.
원한다면 그 뿌리를 뽑는 건
나중에 스스로 하면 되죠.

마리옹에게

얘길 들어보니 당신은 지금
혼자 사는 모양이네요.

마리옹

맞아요. 하지만 대기 상태일
뿐이에요.

앙리

뭘 기다리는데요?

마리옹

전혀 예측할 수 없는 걸
기다리죠. 사랑 말이에요.
난 지금껏 진정한 사랑을
한 번도 못 해봤거든요.
그런 사랑을 해보고 싶어요.
예전에 난 서로 사랑하는 게
확실하다고 설득하는 남자에게
날 그냥 맡겼었죠. 그 사람
말을 믿었어요. 하지만 그건
사랑이 아니었죠. 일종의
의리였달까요. 난 사랑하는
사람에 대한 의리를 중시했던
거예요. 물론 지금도 그렇고요.
심지어 영원할 거라는 믿음이
없는 사랑은 불가능하다고
생각해요. 하지만 누구나
실수를 할 수 있죠.

피에르

그렇담 이제는 실수
안 할 수 있어?

마리옹

그야 모르지. 그래도 이제
사랑이 아닌 걸
사랑이라고 착각하진
않을 거야. 사랑은 말이야,
불타오르는 거야. 난 사랑으로
타오르고 싶어.

피에르

하지만 그럴 만한
사람이어야지.

앙리

누구의 사랑으로요?

마리옹

글쎄요. 언제일진 모르겠지만
느닷없이 찾아오겠죠.
아마 오지 않을 수도 있고요.
그러지 않길 바라지만.
어쨌든 전 타오를 거예요.

피에르

그치만 이번엔
그 불꽃이 어디로 향할지
알 것 같아?

마리옹

아니. 말했잖아.
전혀 예측할 수 없다고.

피에르

그럼 넌 또 실수하겠네.

마리옹

그래. 또 실수할 수도 있지.

앙리

지금 당신은 자유의 몸이잖아요.
충분히 누려야죠. 당신의 자유를
빼앗기게 돼서는 안 돼요.

마리옹

누가 빼앗아 가는지에 달렸죠.
난 당신이랑 생각이 달라요.
나한테 중요한 건 자유가
아니에요. 내가 걱정하는 건,
이렇게 표현해도 될지
모르겠지만, 누군가에게
매인다는 것 자체가 아니라
내가 사랑으로 타오르지 않는
남자에게 매이게 되는 거예요.
난 사랑으로 타올라본 적이
없어요. 꿈에서나 해봤죠.
여자들은 보통 그러잖아요.
영화배우나 운동선수,
동화 속 왕자님, 아님 언젠가
언뜻 본 적이 있지만 그 후론
다신 못 본 그런 얼굴들과
꿈속에서 사랑을 나누죠.
내가 남자들의 마음에 불을
지핀 적은 있을 거예요.
하지만 난 그런 남자들에게 전혀
관심이 없었죠. 내 눈에 띄지도

않았다니까요. 아마 나 때문에
자살한 남자가 있을지도 몰라요.
그러지 않았길 바라지만요.
하지만 정말 그랬다 하더라도
나로서는 알 길이 없죠.
정말 이상하리만치 나에겐
한 번도 일어나지 않은 일이
있어요. 나와 상대방의 마음에서
동시에 사랑의 불꽃이
이는 거 말이에요. 하지만 난
절망하지 않아요. 언젠가
불꽃이 튈 거라 확신해요.
그럼 난 순식간에 커다란 정열의
화염에 휩싸이겠죠.

피에르

꼭 그렇게 되는 건 아니야.
게다가 안 그러는 편이 낫다고!
처음부터 너무 빨리 타오르면
그 정열의 불꽃은 쉽게
사그라드는 법이니까.

마리옹

그렇지 않아!
불이 붙는 건 순식간에
일어나는 거야.
뜻밖에 찾아오는 일이지.

피에르

그럼 그다음엔?
뜻밖의 일이 찾아온 다음엔?

앙리

그다음엔 계속 뜻밖의 일들이

기다리고 있겠지. 그런데 왜
'그다음'을 생각해야 하지?

피에르
왜냐면 사랑은 인생처럼
시간 속에 존재하는 거니까.

앙리
시간 속에 존재하는 건 맞지만,
'현재'의 시간 속에 있지.
피에르 당신은 미래에 사는
거야. 일어나지도 않을 미래에.
그건 사는 게 아니지.

피에르
뭘 안다고 그런 소릴 해?
날 알지도 못하면서.

앙리
알지, 조금은.
당신이 어떤 사람인지
짐작이 가.

피에르
하!

앙리
당신을 꿰뚫어보고 있다고.

피에르
그랬더니?

앙리
뭐 하나만 물어볼게.
당신도 혼자인 거 맞지?

피에르
그래. 하지만 나도
마리옹이랑 똑같아.
기다리는 중이지.

앙리
뭘 기다려?
정열? 불꽃?

피에르
내가 기다리는 건 오히려
깊고 지속적인 사랑이야.
당신은 그런 사랑을 안 믿겠지만
난 믿거든. 난 그렇게
사는 거야.

앙리
사는 거라고?
음. 그럼 희망 속에 살고
있다고 해야겠네.

피에르
아마도. 하지만 난
잘 살고 있어. 어쨌든 타협하며
사는 것보다 나은 삶이지.
그러니까 온전히 사랑하지도
않는 사람과 사는 것보다
말야. 나도 당신들과 완전히
똑같은 상황이야. 여자랑
같이 살았었지. 우리는 너무
오랫동안 서로를 견뎠어.
그리고 몇 달 전에야 헤어질
용기를 냈고.

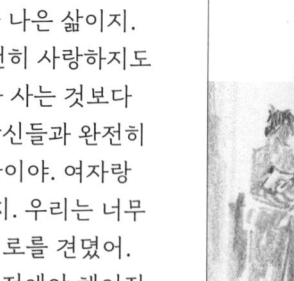

앙리
그럼 지금은 완전한
네 이상형을 만나길
기다리는 거야?

피에르
그러니까 난 내가
신뢰할 수 있는 사람이 더…
비록 처음에는…
아니야. 그만할래.

마리옹
비록 뭐?

피에르
아무것도 아냐.
난 충분히 얘기했어.

마리옹
나보단 적게 했지.

앙리
나보다도 적었지.
당신이 가장 말을 아꼈어.

피에르
폴린을 바라보며 두 사람에게
동의를 구하듯
아니, 내가 아닐걸.

마리옹
그러네. 폴린은 아무 말도
안 했잖아.

앙리
맞아. 한번 들어볼까?

폴린에게
어떠니? 너도 기다리고 있어?

폴린
그럼요.

앙리
기대하고 있는 거야?

폴린
당연하죠. 제 나이에
안 그럼 바보죠.

앙리
사랑해본 적은 있어?

폴린
없어요.

마리옹
해봤잖아.
나한테 얘기해놓고는.

폴린
난 아무 말 안 했어. 내가 지어낸
얘기였을 수도 있고.

마리옹
그런 얘기라면, 그냥 말해!
그런다고 네가 손해 볼 것도
없잖아.

폴린
하나도 재미없는 얘기야.

마리옹
아냐. 아주 재밌는 얘기야.

폴린
아니라니까.

마리옹
우린 다 얘기했잖아.
왜 넌 안 하는데?

폴린
얘기하기 싫으니까.
심지어 재밌는 얘기라도
내 나이에는 말하고 싶지
않은 거라고.

앙리
그럼 우리 나이에는?

폴린
하고 싶겠죠. 아저씬
얘기했잖아요. 그게 증거죠.

마리옹
그럼 우리 얘기가
넌 재미없니?

폴린
재밌어. 배우는 게 있으니까.

마리옹
그럼 너도 협조 좀 해.
그래야 우리도 너한테
배울 거 아냐.

폴린
언닌 배울 필요 없잖아.
충분히 잘 알면서.

마리옹
얘 내숭 떠는 것 좀 봐!

앙리
자, 폴린, 그러지 말고!
대답해봐. 사랑해본 적 있어?

폴린
네.

앙리
상대는?

폴린
어떤 남자애였어요.

앙리
네 또래?

폴린
아뇨. 연상이요.

앙리
몇 살?

폴린
열두 살이요. 그때 내가
여섯 살이었거든요.
그럼 저보다 훨씬 많았던
셈이죠.

앙리
그게 다야?

폴린
네.

마리옹
애가 우리를 놀리네요.

폴린
그런 거 아냐. 하지만 난
조금 전에 들은 얘기들에
동의하지 않아. 피에르 오빠
얘기만 빼고.

앙리
네 생각은 뭔데?

폴린
그러니까…
난 잘 모르는 사람에겐
빠지지 않을 거예요. 사랑을
하려면 어떤 사람들인지
먼저 알아가는 법을
배워야겠죠.

앙리
'사람들'이라니?

마리옹
앤 늘 '사람들'이라고 해요.

폴린
그러니까, 남자애들이요.

앙리
사랑하는 걸 말하는 거야,
아님 친구가 되는 거?

폴린
둘 다요. 똑같은 거잖아요.

앙리
아니, 달라.

폴린
똑같아요.

앙리
절대 그렇지 않아.

폴린
어쨌든 난 모르는
사람과 절대 사랑에 빠지지
않을 거예요.

마리옹
네가 그걸 어떻게 알아?
그때 말했던 남자애는?

앙리
누구? 아까 그 열두 살이었다던?

폴린
아뇨. 다른 애요. 하지만
아무 의미 없어요.
그냥 꿈같은 일이었죠.

앙리
맞아. 사랑은 꿈이란다.

폴린
꼭 그런 것만은 아니죠.

마리옹
애가 참 현실적이에요.

폴린
마리옹에게

언니가 조금 전에 그랬잖아.
사랑은 공유될 때만 가능한
거라고. 만나는 바로 그 순간
즉시 두 사람 모두에게 공유되면
좋겠다며. 난 사람들의 피상적인
면엔 관심 없어. 내겐 내면의
성품이 중요해.

마리옹
그런 감춰진 내면은 짐작하는
거야. 사랑은 보이지 않는
상대의 깊은 곳까지 한눈에
알아보는 거라고.

피에르
하지만 네가 말했듯이
실수를 할 수도 있잖아.

마리옹
그야 그렇지.
하지만 어쩌겠어?

앙리
마리옹이 우리 영혼까지
꿰뚫어보나 본데.

마리옹
그렇지 않아요. 그러려면 제가
사랑에 빠져야 하거든요.
지금으로선 당신들 모두
속을 알 수 없는 사람들이죠.
폴린도 포함해서요.

앙리
우리 춤추러 가는 거 어때요?

피에르
이 동네엔 아무것도 없어.

앙리
카지노로 가면 되잖아.

피에르
거긴 끔찍하다고.

마리옹
상관없어.

앙리
우리끼리 재밌게 놀면 되지.

피에르
난 집으로 갈래.

마리옹
피에르, 같이 가자!
응?

피에르
좋아. 하지만 난 분명히
경고했어.

___

카지노.
피에르는 마리옹을 다정히
품에 안는다. 마리옹은 그의 어깨에
머리를 기댄다.

피에르
이렇게 다시 만나다니
꿈만 같아. 넌 안 그래?

마리옹
갑자기 다시 어려진
기분이야.

피에르
넌 5년 전이랑 똑같아.
하나도 안 변했어.

마리옹
너도 안 변했어.

피에르
난 아직도 널 많이 사랑해.

마리옹
나도 그래.

피에르는 그녀에게 키스하기 위해
몸을 숙인다. 마리옹은 뺨을 갖다
댄다. 피에르가 입술에 키스하려 하자
마리옹은 처음엔 슬그머니, 이내
격렬하게 그의 품에서 빠져나온다.

마리옹
피에르, 너 제정신이야?

피에르
키스해줘. 예전엔 해줬잖아.

마리옹
그건 결혼 전 얘기지. 그 후로
얼마나 많은 일이 있었는데!

피에르
방금 네 입으로 하나도 변하지
않았다고 했으면서.

마리옹
그건 외모를 말한 거지…
어쨌든 난 널 사랑한 적 없어.
너도 잘 알잖아. 사랑했다면
너랑 결혼했겠지.

피에르
하지만 실수였다며.
네가 그랬잖아!

마리옹
너랑 결혼했어도 실수인 건
마찬가지였을 거야. 그러니 지금
이대로가 좋은 거야! 어서 가자,
안 그럼 다들 우리가 뭐 하나
싶겠어.

피에르
잠깐만! 내 말 좀 들어봐.
넌 첫눈에 반하는 사랑을
믿는다며. 그럼 날 이해해줘야
해. 오늘 저녁 널 다시 봤을 때
나의 모든 옛사랑이 되살아났어.
예전에 네게서 느꼈던 감정을
다른 어떤 여자에게서도
느끼지 못했다는 사실을 불현듯
깨달았지. 그리고 지금도
난 네게서 그 감정을 느껴.

마리옹
너 지금 취했어. 날 친구로
생각한다면 날 좀 그냥
내버려둬. 난 지금 사랑 얘기를
듣고 싶지 않아.

피에르
저녁 내내 사랑 타령을
한 건 바로 너야!

마리옹
그래. 하지만 사랑에 대한
일반적인 얘기였지.
그리고 네가 확실히 알았으면
좋겠어. 혹시 내가
누군가를 다시 사랑하게
된다면, 그 상대가 너는
아닐 거야.

피에르
난 급할 거 없어. 기다릴게.

마리옹
아니, 그러지 마. 난 친구로서
널 많이 좋아하고 높이
평가하지만, 사랑은 강요한다고
되는 게 아니야.

피에르
네 맘이 바뀔 수도 있잖아.

마리옹
아니!

피에르
도대체 왜? 왜 나는 무조건
안 된다는 건데?

마리옹
피에르, 이제 이 얘긴
그만하자. 이리 와!

피에르
그래. 하지만 이 얘긴 꼭 해야
했어. 그래서 한 거야.

마리옹은 대답하지 않고 춤추는 곳으로
간다. 피에르가 뒤따른다. 앙리는
폴린과 춤추고 있다. 두 커플은 댄스
파트너를 바꾼다. 마리옹은 앙리의
품에 안기자마자 그의 몸에 바짝
기대더니 그에게 키스한다.

카지노 출구.
피에르가 가장 먼저 차에 오른다.
앙리는 자신의 차를 운전해서
마리옹의 차 가까이 댄다.

앙리
우리 집으로 가지 않을래요?
어차피 가는 길이잖아요.
가서 한잔 더 하죠.

마리옹
차라리 저희 집으로
가시는 건 어때요. 지금 폴린이
너무 졸려서요.

두 대의 차가 차례로 출발한다.

마리옹의 집.
집에 도착하자 폴린은 마리옹과 앙리를
거실에 남겨두고 자러 간다.

날이 밝자 폴린이 잠에서 깬다.
집은 조용하다. 호기심에 찬 폴린은
정원으로 나와 마리옹의 침실 창문이
나 있는 쪽으로 간다. 폴린은 살짝
열린 덧창 사이로 마리옹과 앙리가
몸을 포갠 채 함께 잠들어 있는
모습을 본다.

해변.
모래 위에서 피에르는 마리옹에게
돛을 다루는 법을 설명한다.
폴린은 그 모습을 바라본다. 실뱅이
친구와 함께 다가온다.

실뱅
마리옹을 가리키며
세상에, 저 여자 좀 봐.
저럴 수가…
너무 못하는데?

친구
난 더 엉망인 사람도 봤어!

마리옹
이제 이해했어.
이거 정말 어렵네!

피에르
균형을 잡는 게 중요해.

실뱅
폴린에게
저 남자도 잘 못하네.

내가 시범을 좀 보일까?

폴린
실뱅에게
너도 해? 보드 있어?

실뱅
윈드서핑은 별로 안 좋아해.
하지만 그랑빌에
요트가 있지. 넌 여기 온 지
오래됐어?

폴린
얼마 안 됐어.

실뱅
네 친언니야?

폴린
아니. 사촌 언니.
엄청 예쁘지?

실뱅
피에르를 가리키며
그럼 저 남자는?

피에르
폴린에게
폴린! 여기 잘 봐야지.
안 그럼 너 못 배워!

마리옹
폴린에게
네가 이리 와서 해봐.
난 그만할래. 좀 이따 봐!

실뱅
폴린에게
너 내일도 올 거야?

폴린
아마도.

피에르가 폴린을 가르치는 동안
실뱅과 그의 친구는 자전거를
두고 온 제방으로 올라간다.
마리옹은 앙리의 집으로 향한다.

앙리의 별장.
앙리는 책상에 앉아 글을 쓰고 있다.
마리옹이 창문 뒤로 나타난다.

앙리
기다렸어?
내가 늦은 건가?

마리옹
우리 둘이 먼저 보는 게
나을 것 같아서 온 거야.
다른 사람들 앞에선 좀
불편할 것 같아서.

앙리는 마리옹에게 다가가
그녀를 품에 안아 들어올린다.

앙리
이리 들어와! 자, 어서!

그는 마리옹에게 키스한다.
마리옹은 고개를 떨군다.

마리옹
나 너무 창피해. 그렇게
빨랐던 건 처음이란 말이야.

앙리
그 반대야. 아주 좋은 일이지.
순식간에 타오르고 싶다고 한 건
당신이잖아.

마리옹
그건 서로 그랬을 때 얘기지.

앙리
그랬어.

마리옹
유감스럽게도 아닐걸.
당신에게 난 잠시 정복한
여자에 불과하잖아.

앙리
당신은 관계를 소유나 귀속의
관점으로만 보나 봐.
난 안 그래. 우린 너무나 멋진
밤을 보냈잖아. 그런 밤을 더
만들자. 당신이 원하는 만큼.

마리옹
안 돼!

앙리
왜? 그러기 싫어?

마리옹
물리적으로라도
그건 불가능해.

앙리

왜? 뭐가 문젠데? 내가
당신 집으로 가는 게 싫으면,
당신이 우리 집으로 와.
여기서 같이 지내자. 여기
있는 게 당신도 더 좋을 거야.

마리옹

그럼 폴린은?

앙리

같이 오면 되지. 마리는 내일
갈 거야. 집이 넓기도 하고.

마리옹

안 돼! 난 폴린에게 차마 얘기
못 해. 민망하단 말이야.

앙리

그 애가 아는 게 어때서?
뭐가 문젠데?

마리옹

그 애 부모님에 나에게
그 아일 맡겼잖아.

앙리

마리옹, 바보처럼 굴지 마.
가장 좋은 건 폴린이
남자친구를 사귀는 거야.
폴린도 남자를 알 때가 됐어.
어때, 좋지?

마리옹

그건 안 돼. 게다가 피에르의

질투가 너무 심해.

앙리

뭐? 피에르한테 말했어?

마리옹

아니. 아무것도 몰라.
나랑 오늘 저녁 먹고 싶대.

앙리

물론 난 빼고겠지. 난 상관없어.
그런 건 아무렇지도 않다고.
그럼 저녁 먹고 볼까?

마리옹

아니. 오늘은 혼자 먹을 거야.
집에서 쉬다가 그냥 잘래.
너무 피곤하거든. 폴린도 좀
자야 하고. 우린 내일 보자.

앙리

내일은 내가 안 돼. 마리를
자기 엄마에게 데려다줘야 해.
저녁이 다 되어서야
돌아올 거야.

마리옹

그럼 내일 우리 집으로
저녁 먹으러 와.

앙리

그냥 우리 집에서 먹는 건 어때.

마리옹

싫어. 내가 대접할 차례잖아.

앙리
피에르도?

마리옹
응. 달리 방도가 없어.
난 피에르를 참 좋아하는데,
자꾸 터무니없이 굴어…
아, 모든 게 너무 복잡해.

앙리
아냐. 아주 간단해. 현재를
사는 법을 배워. 그럼 당신은
훨씬 강해질 거야.

마리옹
앙리의 품에 바짝 안기며
난 나약해. 나약하다고…
몸을 빼며
이제 가자! 다들 우리가
뭐 하나 궁금해하겠어.

───────────

해변.
피에르는 바다에서 직접 시범을
보이며 윈드서핑 수업을 마친다.
마리옹과 앙리가 다가온다. 앙리가
소리쳐 피에르를 부르지만,
피에르는 그 소리를 듣지 못했는지,
뭍으로 나오지 않고 바다로 멀어진다.

───────────

마리옹의 집.
마리옹과 폴린은 아침을 먹는다.

피에르의 차가 정원 입구에서
멈춘다. 마리옹이 일어나 그를
맞는다. 마리옹은 피에르에게 전날
서핑을 하고 있을 때 왜 자신들을
못 본 척했는지 묻는다.

피에르
너의 앙리가 꼴 보기 싫어서.

마리옹
'나의' 앙리가 아니야.
네 친구잖아. 그 사람을 나한테
소개한 건 너라고.

피에르
자기 스스로 소개했지.
난 잘 알지도 못하는 사람이야.
얼마 전에 배에 대한 얘기를
나눈 게 다거든. 여행을 꽤
다녔나 봐. 확실히 아는 게
많더라. 하지만 내가 그 사람을
만날 이유는 전혀 없어.

마리옹
네가 앙리를 해변에 못 오게
할 순 없는 거야. 해변은
너에게만큼이나 그 사람의
공간이기도 해. 오히려 그에게
특권이 있다면 있겠지.
그 사람 집 바로 앞이니까.

피에르
꼭 그 해변에서 수영해야
하는 건 아니지. 넌 차가

있으니까 다른 데로 가도
되잖아.

마리옹
난 거기가 좋아.
누굴 피해야 할 이유도 없고.

피에르
그 사람이 거기 있어서?

마리옹
그럴지도.

피에르
앙리가 오면 내가 자리를
비켜줄게. 그럼 너희 두 사람만
있을 수 있을 테니.

마리옹
피에르 너 완전히 미쳤구나.

두 사람의 대화를 지켜보던 폴린은
조심스럽게 자리를 뜬다.

피에르
이해가 안 되는 건
오히려 너야. 자유롭고
싶다면서 그런 녀석을
마음에 두다니!

마리옹
내가 원하는 사람을 마음에
두는 게 바로 내 자유야.

피에르
그럴 가치가 없는 남자야.

마리옹
아니, 그 반대야. 아주
매력 있는 사람이라고.
내 입으로 말하는 걸 굳이
들어야겠다면, 그래,
안타깝게도 그 사람 너보다
매력적이야.
많은 면에서 그래.

피에르
너에 비하면 아니야.

마리옹
나에 비해서? 그건 나만이
판단할 수 있는 거야⋯
피에르, 도대체 무슨 권리로
이렇게 질투하는 거야?
안 그러기로 약속했잖아.

피에르
네가 날 사랑하지 않는 건,
어쩔 수 없는 거라면
받아들일게. 하지만 널 하찮게
여기는 남자를 네가 마음에
두는 건 솔직히 못 봐주겠어.

마리옹
앙리는 그런 사람 아니야.

피에르
자기 입으로 그랬다고.
오는 여자 안 막는다고.
그런 여자들보다 네가
나을 게 없는 상황이야.

마리옹
잘 들어, 피에르.
네가 그 사람 흉을 볼수록
난 그 사람에게 더
관심이 가. 이제 이 얘긴
그만하고 친구로
잘 지내자.

피에르
친구로서 충고하는 거야.
그 사람 믿지 마.

마리옹
위험한 사람일 수도 있지.
하지만 난 늘 위험한 것에
매력을 느껴왔어.

피에르
그런 말 하지 마!

마리옹
피에르의 손을 잡으며
네가 내 친구가 아니라는 게
안타까워. 친구였다면
네가 날 도울 수 있었을 텐데.

피에르
어떻게 도와?

마리옹
바로 이런 매력을
거부하도록 도울 수 있겠지.
하지만 너의 이런
시기 어린 태도는 날
오히려 불구덩이로

밀어넣고 있어. 내가
결혼할 때 충고해줬더라면
난 내가 사랑하지도 않는
남자와 결혼하지 않았을 거야.

피에르
하지만 그땐 네가 날
안 만나줬잖아!

마리옹
네 질투심 때문이었지.
네가 그렇게 질투하지
않았더라면, 네가 다른 사람을
좋아했더라면…

피에르
내가 혼자인 건 맞아.
하지만 그렇다고 해서
네 친구가 못 될 건 없지.

마리옹
폴린은 어때?

피에르
뭐?

마리옹
진지하게 하는 얘기야.

피에르
걘 아직 꼬맹이야!

마리옹
윈드서핑은 가르쳐주면서,
사랑은 왜 안 되는데?

피에르

설마 농담이겠지. 그리고
어차피 폴린하고 그럴 가능성은
전혀 없어. 그 애는 자기 또래
남자애들을 좋아하잖아.

마리옹

그 나이대 남자애들은 하나같이
멍청하고 거칠잖아.
확신하는데, 넌 폴린에게
정말 잘해줄 거야.

피에르

난 그런 정성을 쏟는
사람이 아니야.

해변.
폴린은 바다에서 윈드서핑을 하는
피에르를 바라본다. 마리옹이
헤엄을 쳐서 그의 뒤를 쫓는다.
실뱅이 제방을 따라 자전거를 타고
다가온다. 폴린을 발견하자, 멈춰서
자전거를 두고 모래사장으로 내려온다.

폴린

안녕!

실뱅

서로 소개하며
난 실뱅이라고 해.

폴린

난 폴린.

실뱅

혼자야?

폴린

바다를 가리키며
응. 다들 바다에 들어갔어.

실뱅

멀리 나갔어?

폴린

응. 언니는 수영을 엄청
잘하거든. 몇 킬로미터쯤
문제없을걸.

실뱅

넌?

폴린

25미터 여자 주니어부
선수였어. 꽤 잘하지.

실뱅

우리도 가서 수영할래?

폴린

조금 이따가.

실뱅

폴린의 손을 잡으며
그럼 가서 앉자.

두 사람은 마른 모래 위에 앉으러 간다.

실뱅

내가 올 거라고 생각했어?

폴린
넌?

실뱅
난 네가 여기 올 줄 알았어.

폴린
날 보러 온 거야?

실뱅
수영이나 하자고
10킬로미터를 오진
않았지.

폴린
마리옹을 보러
온 걸 수도 있잖아.

실뱅
미쳤어?

폴린
솔직해 말해봐.
우리 사촌 언니 맘에 들잖아.

실뱅
그럴만한 분이긴 하지.
하지만 내 타입은 아니야.
난 좀 더… 그러니까
수수한 여자가 좋아.
어제 그 남잔 누구야?
네 언니 남자친구?

폴린
아니.

실뱅
그럼 오빠?

폴린
그래 보여?

실뱅
글쎄. 둘이 좀 닮은 것도
같아서…

폴린
그냥 친구야.
언닌 결혼했는데 남편은
같이 안 왔어.
곧 이혼할 예정이거든.
들었지? 네겐 큰 기회라고.

실뱅
난 아니래도.

폴린
여자친구 있어?

실뱅
응, 파리에. 여기서도
어떤 여자앨 만났는데 다퉜어.
넌 남자친구 있어?

폴린
엄청 많지.

실뱅
폴린의 다리에 모래를 뿌리며
그럼 한 명쯤 더 만나는 건
문제 없겠네.

폴린
그게 넌 아닐걸.

실뱅
누가 그러고 싶대?

실뱅은 폴린의 몸을 자기 쪽으로
당긴다. 폴린은 빠져나온다.

폴린
이거 놔!
누가 날 만지는 거 싫어.

실뱅
그럼 네 남자친구들은?

폴린
감히 엄두를 못 내지.

실뱅
그럼 남자친구도 아니네.

폴린
수영하러 갈래?

자리에서 일어선 두 사람은
제방에서 자신들을 부르고 있는
앙리를 본다. 앙리는 레코드판
한 장을 들고 있다. 폴린은 그에게로
뛰어가며 실뱅에게
따라오라고 손짓한다.

앙리
잘 있었니?
실뱅에게
안녕, 앙리라고 한다.

그는 실뱅에게 악수를 청한다.

폴린
실뱅을 소개하며
얜 실뱅이에요.

앙리
바다에 들어갔다 왔니?

폴린
아니요. 막 들어가려던
참이었어요.

앙리
나도 너희랑 같이 가지, 뭐.
하지만 집에 먼저 들러야 해.
렌에서 돌아오는 길인데
차는 정비소에 뒀고. 마리옹은
여기 안 왔어?

폴린
피에르랑 같이 있어요.

앙리
그렇군!

폴린
먼바다를 가리키며
저쪽에요! 보여요?

앙리
아, 보여. 멋진데!
6시에 보기로 약속했는데 내가
예정보다 좀 일찍 도착했어.
실뱅이 레코드판을 슬쩍 쳐다본다.
「섬의 노래」라는 음반이다.

아, 이거? 지나던 길에
산거야. 계속 머릿속에서
맴돌던 노래거든.
앙리에게
그리고 그날 말야, 너도
기억나지? 카지노에 갔던 날.
레코드판이 다 긁혀서
노래가 엉망이더라고.
실뱅에게
넌 이 노래 아니?

실뱅
아니요.

앙리
그래. 난 이제 집으로
가야겠다. 듣고 싶으면
너희들도 오렴!

앙리의 별장.
폴린이 턴테이블에 레코드판을 올린다.
폴린은 실뱅과 춤추기 시작한다.
그동안 앙리는 위층에 우편물을
찾으러 올라간다. 그가 다시 내려오자,
두 사람은 춤을 멈춘다.

앙리
아냐, 계속해!
나 신경 쓰지 말고. 우체국에
갔다가 금방 올 거야.
혹시 나갈 거면 문만
잘 닫아줄래? 어차피

여긴 훔쳐갈 게 하나도
없으니까. 그럼 간다!

앙리는 밖으로 나간다.

실뱅
저 사람 되게 괜찮다.
저 남자도 친척이야?

폴린
아니. 얼마 전에 알게 됐어.

실뱅
아, 너랑 네 언니를
꼬셨구나?

폴린
피에르 친구야.

실뱅
언니 남자친구 아니었어?

폴린
말했잖아. 안 지 이틀밖에
안됐다니까.

실뱅
저 사람이 피에르보단
네 언니 남자친구가 될 가능성이
높아 보이는데.

폴린
아니, 난 피에르가 더 좋아.
피에르가 더 잘생겼고 더
젊다고. 마리옹이랑 둘이 아주
잘 어울리지.

실뱅
저 남자가 네 언니 남자친구가
될걸. 내기할래?

폴린
아니. 어쨌든 넌 아니야.

실뱅은 폴린에게 입 맞춘다.
폴린은 실뱅의 손을 잡고 위층
침실로 데려간다.

───────

제방.
앙리는 루이제트와 마주친다.
사탕을 파는 아가씨다.

루이제트
안녕!

앙리
어, 안녕!

루이제트
걸음을 멈추며
잘 지냈어?

앙리
잘 지냈지.
나 땅콩 좀 줄래?
요즘에 잘 안 보이더라.

루이제트
여기 없었거든. 오빠 결혼식이
있어서 생로에 갔었어.
여기 계속 있을지 잘 모르겠어.

8월엔 장사가 잘됐는데
이젠 심심해.

앙리
수영은 안 해?

루이제트
혼자?
…같이 가는 건 어때?

앙리
지금은 안 돼. 편지를 부치러
우체국에 가야 하거든.
그리고 나선 약속이 있고.
내일 아침은 어때?

루이제트
난 아침엔 안 나와.

앙리
괜찮아. 다른 날 하면 되지.
그럼 갈게!

───────

해변.
마리옹이 뭍으로 돌아왔다. 피에르는
계속 윈드서핑 중이다. 마리옹은
수건으로 몸의 물기를 닦고는 짧은
원피스를 입고 앙리의 집으로 향한다.

───────

앙리의 별장.
문이 열려 있다. 마리옹이 집 안으로
들어간다. 거실엔 아무도 없다.

그녀는 위층으로 올라가 침실을 살피러
가다 갑자기 걸음을 멈춘다.
폴린과 실뱅이 침대에 누워 키스를
하고 있다. 마리옹은 고개를 돌리고는
말없이 밖으로 나간다.

제방.
마리옹은 제방 위에서 우체국에서
돌아오던 앙리를 만난다. 마리옹은
앙리와 함께 오던 길을 되돌아 걷는다.

앙리
우리 집에 갔었어? 거기서
그냥 기다리지 그랬어.

마리옹
지금 당신 집에서
무슨 일이 벌어지는지 알고
있는 거야?

앙리
왜? 폴린이랑 걔 친구가
춤추고 있을걸?

마리옹
그것참 희한한 춤이네.
걔들 지금 침대에 있다고.

앙리
그래서 애들한테 뭐랬어?

마리옹
너무 놀라서 아무 말도 못했어.

앙리
잘됐네. 그냥 두자고.

마리옹
하지만…

앙리
하지만 뭐? 왜 그렇게
충격받은 거야? 그 애 부모님
때문에 걱정돼서 그래?

마리옹
아니, 내가 걱정돼. 해변에 있는
그런 멍청한 애들이랑
막 어울리면 안 되는데. 폴린 걘
내 말을 안 듣는다니까.

앙리
멍청한 애 아니던데.
녀석들 아주 잘 어울린다고.

두 사람이 앙리의 집으로 향하려는
순간 루이제트가 지나간다. 두 여자가
서로를 훑어보는 동안 앙리는
루이제트에게 눈길을 주지 않으려
애쓴다.

마리옹
저 여자 재미있네!

앙리
사과사탕 하나 사줄까?

마리옹
아냐, 괜찮아.

앙리
그럼 이제 갈까?

마리옹
안 돼. 애들 나오기 전엔
난 못 들어가.

앙리
정원에서 걸어 나오는
폴린과 실뱅을 발견하며
봐, 저기 오네. 뭐 대단한 걸
할 시간도 없었겠는걸.

앙리와 마리옹은 앙리의 별장으로
향한다. 두 사람은 폴린과 실뱅에게
"나중에 보자!"라고 말하며
손짓으로 인사한다. 폴린과 실뱅은
해변으로 내려간다.

───────────

앙리의 별장.

앙리
여기서 지내는 게
더 편할 것 같지 않아?

마리옹
폴린 때문에라도 그건 안 돼.
난 걔가 아무나 집에
데려오는 건 싫어. 우리
집에선 내가 원하면 누구든
내쫓을 수 있잖아…
아무래도 당신이 우리 집으로
오는 게 낫겠어.

앙리
마리옹에게 다가가 그녀를 안으며
저녁 먹으러?
마리옹은 대답하지 않고, 웃으며
그의 품에 바짝 안긴다.
…내가 아침 6시에 나와도
괜찮겠어? 난 그때가 일이
제일 잘되는 시간이라.
게다가 그럼 폴린이 눈치
못 챌 거 아냐.

마리옹
이미 알고 있을걸.
뭐, 잘된 거지. 말하기
난감했었는데…
혹시 내일 우리랑 몽생미셸
같이 안 갈래?

앙리
몽생미셸? 내일?
갑자기 거긴 왜?

마리옹
폴린이 가보고 싶대서. 걘 아직
못 가봤거든. 폴린도 집에
돌아가서 부모님께 할 얘기가
있어야 할 거 아냐.

앙리
마리옹을 안고 춤추기 시작하며
휴가지에서의 연애담 말고
다른 얘기도 필요하겠지…
있지, 난 관광객들을 보면
살인충동 같은 게 느껴져.

게다가 솔직히 당신 사촌 동생은
날 별로 안 좋아하는 눈치고.

마리옹
폴린은 내가 피에르를
좋아하지 않아서 실망했나 봐.

앙리는 춤을 추면서 마리옹의 옷을
벗기기 시작한다.

해변.
다음 날. 날은 흐리고 파도는 높다.
앙리와 루이제트는 해변에서 만났다.
실뱅이 그들을 발견하고 다가온다.

앙리
잘 있었니? 폴린과 마리옹은
몽생미셸에 갔어.

실뱅
알고 있어요. 혹시 안 갔나
하고 와봤어요…
전 보트를 타러 가기로
했었는데, 날이 이래서
내일로 미뤘거든요.

앙리
그럼 우리랑 같이
수영이나 하지.

세 사람은 물놀이를 즐긴다. 앙리와
루이제트는 부서지는 파도를 맞으며
꼭 껴안은 채 서로의 몸을 어루만진다.
그런 두 사람을 바라보는 실뱅은

놀라다 못해 불편해하는 눈치다.
뭍으로 나오던 피에르가 멀리서
제방 위로 올라가는 세 사람을 본다.

앙리의 별장.
세 사람 모두 텔레비전 앞에 앉아
있다. 루이제트는 수건 한 장만 걸쳤다.
잠시 후 앙리가 루이제트에게 위층으로
올라오라는 신호를 한다. 두 사람은
실뱅을 텔레비전 앞에 혼자 남겨둔 채
위층으로 올라간다.

앙리의 별장 근처.
서핑보드를 정리하고 옷을 갈아입은
피에르는 앙리의 별장 뒤편으로
이어지는 길을 걷는다. 그러다 담벼락
너머로 침실에 있는 루이제트를
본다. 그녀는 나체로 침대에서 뛰면서
소리를 지른다.

앙리의 별장.
마리옹의 차가 대문을 지나
창문 앞에 멈춘다. 그 장면을 본 실뱅이
부리나케 계단을 올라간다.
노크도 하지 않고 벌컥 침실 문을
연 실뱅은 "조심해요! 그 여자분
왔어요!"라고 외친다. 혼돈의 순간이다.
루이제트는 수건도 챙기지 못하고
맨몸으로 복도로 뛰어나와 욕실로

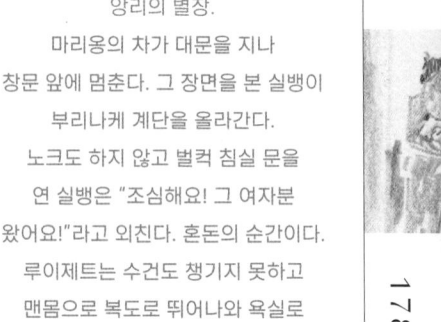

몸을 숨긴다. 그녀가 문을 닫는데
앙리는 갑자기 뭔가 생각난 듯 실뱅을
팔로 잡아서 욕실 안으로 밀어 넣는다.

앙리

**잘 좀 숨어 있으라고 해!
어서!**

마리옹은 이미 계단을 올라왔다.
그녀는 수건 한 장만 걸치고 있는
앙리를 보고 웃는다.

마리옹

**미안. 텔레비전이 켜져 있길래
그냥 올라왔어.**

앙리는 한 손으로 수건을 잡고
마리옹에게 다가가 키스한다.
그러면서 욕실의 불투명한 유리문을
등지게끔 그녀를 돌려세운다.

앙리

**잘했어. 난 바다에서
수영하고 왔어. 오늘 날씨가
덥지 않더라. 내려갈까?**

마리옹

이렇게 젖은 수건만 걸치고?

앙리

잠시 망설이다
**그러게. 옷 좀 갈아입을게.
아래서 기다릴래?**

앙리는 욕실 쪽으로 걸어간다.
하지만 마리옹이 계속 그 자리에서

눈으로 그를 쫓는다.
갑자기 그녀의 시선이 고정된다.
불투명한 욕실 유리문 뒤로
뭔가 움직이는 게 보인다.
앙리도 그것을 보고 다시 뒤를
돌아 마리옹에게 다가온다.

앙리

낮은 목소리로
**사실 우리가 방해한
사람들이 있어.**

마리옹

사람들이라니?

앙리

**뭐, 그 사람들에겐
안된 일이지만 어쩔 수 없지.
다 얘기해줄게.**
그는 문 앞으로 가서 노크한다.
**좀 서둘러주겠어요?
제가 옷을 좀 입어야 해서요.**

수건으로 몸을 감싼 루이제트가
먼저 나오고 그 뒤를 실뱅이
따른다. 두 사람은 당당하게 마리옹
앞을 지나서 계단을 내려간다.
앙리가 자신의 침실로 돌아간다.
그를 쫓아간 마리옹은 헝클어진
이불과 그 위에 놓인 루이제트의
리본 머리띠를 발견한다.

마리옹

이제 침대도 빌려주는 거야?

앙리
난 빌려준 적 없어.
거칠게 침대 시트를 걷으며
내가 통화를 하는 사이에
두 사람이 몰래 올라온 거라고.
당신이 집에 왔을 때
두 사람을 내쫓던 중이었어.

마리옹
봐, 내가 저 남자애
못 믿겠다고 했지.

앙리
폴린은 어딨어?

마리옹
다행히 지금 집에 있어.
쉬고 있을 거야.

앙리
폴린에게는 아무 말도
안 하는 게 낫겠어.

마리옹
남자애가 폴린을 다시
만나려고 하면 말할 거야.

앙리
애를 괜히 울릴 필요는 없잖아.

앙리는 새 침대시트를 꺼낸다.

마리옹의 집.
피에르의 차가 대문을 통과한다.

차에서 내린 피에르는 사과를 따던
마리옹과 폴린에게 다가온다.

피에르
마리옹에게
내가 방해한 건 아닌지
모르겠네. 저녁에 못 올 것
같아서 아침에 들렀어.

마리옹
그냥 오기 싫다고
하지그래.

피에르
아니. 난 못 오는 거야.
물리적인 거라고.
앙리가 말 그대로 날
밀어낸다니까.

마리옹
그래? 난 끌려가던데.

피에르
난 그 남자 정말 싫어.
보면 뭐가 생각나는 줄 알아?
뱀이 떠올라.

마리옹
뱀은 나야. 사람들이 항상
내 몸매가 뱀처럼
늘씬하다고 하던데.

피에르
앙리는 여자와 진심을
나누는 게 아니라 그냥

현혹하는 남자라는 뜻이야.
넌 홀린 거라고!

마리옹

우리 중 상대를 현혹한 사람이
있다면, 그건 나겠지.

피에르

잠시 말이 없다가
녀석이 목적을 달성한 건가?

마리옹

무슨 말이 그렇게 저급하니?

피에르

저급한 건 내 말이 아니라
네 현실이야!

마리옹

피에르, 제발!

피에르

그래서 맞다는 거야…?
물론 그렇겠지…
잠시 말이 없다가
바로 네 옆에 있는 존재를
왜 그렇게 멀리서
찾는지 이해가 안 돼.
난 우리가 정말 비슷한
사람이라는 걸
느낀단 말이야.

마리옹

그래, 바로 그거야. 너무
비슷하지. 난 나와 닮은

사람이 아니라 나를 완벽하게
하는 사람을 찾는 거야.

피에르

넌 완벽해. 완벽해질
필요가 없다고.

마리옹

모든 존재는 결핍을
느끼는 거야. 그리고 사랑만이
자아를 온전히 실현하게 해주지.

피에르

사랑? 다신 만나지 않을 남자랑
자는 게 너한텐 사랑이야?

마리옹

우린 다시 만날 거야. 사랑할 땐
이틀 만에 지구도 돌 수 있는
거라고. 난 그를 만나러 갈 거야.
그도 나를 만나러 올 테고.
피에르는 마리옹이 제정신이
아니라는 듯 이마를 문지른다.
아니, 나 미치지 않았어. 내가
미쳤던 건 마치 충성스러운
개처럼 어디든 날 쫓아다니는
남자랑 같이 살 때였지.
너도 그래. 착한 강아지 같아.

피에르

그렇게 확신하지 말라니까!

마리옹

앙리와 떨어지게 되더라도,
잘된 일이야. 헤어져 있는 동안

그를 그리워하다 다시 만나면
그 기쁨이 훨씬 클 테니까.
그 사람과 짧지만 뜨거운 순간을
보내는 게 더 좋아. 너와
안락한 삶을 사는 것보다.
난 정열이 필요해.

피에르
온전히 너 자신으로서
정열적인 삶을 살란 말이야.
네 소명을 다하면서.

마리옹
내 소명이 뭔데?

피에르
네 직업, 네 일 말이야.
그건 남태평양이 아니라
파리에 있잖아. 넌 제
토양에서만 활짝 피어날 수
있는 꽃이라고.

마리옹
피에르, 너 이러다 조만간
내가 프랑스를 배신했다고
몰아세우겠다! 정말이야.
네 질투심에 무슨 말인들
못 하겠어?

피에르
싸구려 이국풍에 빠져 있는
널 보는 게 괴로워서 그래.
좋아, 앙리 얘긴 이제 그만하자!
어차피 그는 이미 널 잊었을

테니까. 내가 정말 안타까운 건
너의 그런 일반적인 태도야.

마리옹
나의 일반적인 태도?
난 그런 거 없어. 내가
좋아하는 건 특별한 남자야.

피에르
넌 그를 사랑하지 않아.

마리옹
난 그를 사랑하고
그도 나를 사랑해.

피에르
아, 그건 아니지. 어쨌든
그는 널 사랑 안 해.

마리옹
넌 아무것도 몰라!

피에르
난 알아.

마리옹
아니. 넌 알 수 없어.

피에르
내가 다 증거가 있어서 하는
말이야. 구체적인 증거,
거의 사진이나 다름없는. 그때
나한테 사진기만 있었어도…

마리옹
그게 무슨 소리야?

무슨 말이 하고 싶은 건데?
언제? 어디서?

피에르
어제 오후. 네가 없었을 때.
그 녀석 별장에서. 사탕 파는
아가씨랑 같이 있더라.

마리옹
두 사람을 봤어?

피에르
우연히 정원 뒤편을
지나다가. 그 여자가
침실에서 맨몸으로
있는 걸 봤어.

마리옹
그럼 그이는?

피에르
그럼 그 여자가 혼자 그러고
있었겠어? 왜 웃는데?
내가 지금 지어내는 것 같아?

마리옹
아니, 전혀. 넌 아무것도
지어내는 게 아냐. 나도 알아.
나도 거기 있었거든.

피에르
뭐라고?

마리옹
어제 집에 돌아가는 길에
다행히도 앙리 집에 들렀어.

그 여자가 거기 있더라.
하지만 실뱅이라는
어린 녀석과 함께였지.

피에르
그럼 앙리가 자기 침실을
빌려주기라도 했다는 거야?

마리옹
그건 아니었고, 어쨌든
우리가 쫓아냈어.
올라갔더니 욕실에
숨어 있더라고.

피에르
폴린도 거기 있었어?

마리옹
아니. 다행히 내가 집에
먼저 내려줬었거든.

피에르
얘기했어?

마리옹
아니. 안 하는 게 나을 것
같아서…
봐, 네가 폴린에게 관심을
가졌으면 이런 일은
없었을 거 아냐.

피에르
그 얘긴 그만해! 너희야말로
좀 괜찮은 남자에게 관심을
가졌더라면 이런 일은

안 생겼을 거 아냐!
너희 둘 다 왜 그렇게 너희를
신경도 안 쓰는 그런
놈들에게만 끌리는 거냐고!

마리옹

앙리는 그런 사람 아니라니까!
괜히 기웃거리다 어떻게
됐는지 네 꼴을 좀 보라고!
나한테 할 말이 그런
것뿐이라면, 이제 그만둬.

피에르

이제 너에게 할 얘기
같은 건 없어. 다신 널
안 보겠다고 맹세하지.
이만 갈게.

마리옹

그를 붙잡으며

왜 이렇게 터무니없이
구는 거야. 사람들에게 감정을
강요할 순 없는 거라고.
난 널 많이 좋아할 수
있을 거야. 네가 이렇게
질투만 하지 않는다면!

피에르

난 질투심을 느껴.
널 사랑하니까 그러는 거고.
아, 그만할게. 갈게.

마리옹

가려고? 그럼 폴린이라도

데려가지그래.
해변에 가고 싶대.

피에르

그래야 네가 그 녀석과
함께 있을 수 있겠지.
그래, 그렇게. 그럼 내가
네 자유를 침해했단 말은
못 하겠지.

소리치며

폴린! 가자!

———————————

해변.
피에르와 폴린은 모래 위에서
윈드서핑 수업을 마친다. 실뱅의
친구가 그 옆을 지나간다.

폴린

안녕!
혹시 오늘 실뱅 못 봤어?

친구

응, 못 봤는데.
그럼 다음에 보자!

피에르

폴린에게

왔으면 네가 봤겠지.

폴린

아무래도 오늘 안 온 게
이상한데요. 오늘 아침에 꼭
올 거라고 했거든요.

피에르
언제 그랬는데?

폴린
엊그제요. 어제는 못 봤고요.
난 몽생미셸에 다녀왔고, 실뱅은
아빠랑 보트를 탔댔거든요.

피에르
오늘 아직 시간이 더 있으니까
네가 원하면 딩기요트를
빌려 탈 수도 있어.
봐, 바다가 얼마나 예쁜지!

폴린
하기 싫어요.

피에르
폴린의 얼굴을 뚫어지게 바라보며
왜 그러는데?

폴린
아무것도 아니에요.

피에르
폴린의 머리를 쓰다듬으며
그런 꼬마애한테 바람맞았다고
훌쩍이면 안 되지.

폴린
실뱅은 그런 애가 아니에요.
잘 모르잖아요. 걔가 오빠한테
잘못한 게 있는 것도 아닌데.

피에르
루이제트를 발견하자

사탕이나 사 먹자.
뭐 먹고 싶은 거 있니?

폴린
땅콩 먹을래요.

루이제트가 땅콩을 내어주는 동안
피에르는 그녀를 뚫어지게 바라본다.
루이제트는 살짝 불편한 미소를 지으며
돈을 받고는 잔돈을 건넨다.
그녀는 눈을 들지도 못한 채 다시
걸음을 옮긴다.

피에르
잠깐만요.
혹시 실뱅 못 봤나요?

루이제트
펄쩍 뛰며
누구요? 실뱅? 아니요,
못 봤는데. 난 아무도
못 봤어요. 이제 나왔거든요.
그럼 또 봐요!

루이제트는 침착함을 잃지 않고
최대한 빠른 속도로 멀어진다.

폴린
왜 저분한테 물어본 거예요?
저 사람이 실뱅을
알 리 없잖아요. 물어보면
아무 말이나 했을 텐데.

피에르
그거야 모르지.

폴린
왜 그래요?
갑자기 이상해 보이는데.

피에르
아니야.

폴린
나 놀리는 거죠!

피에르
아니래도. 내가 널 왜 놀려.
널 도와주려고 그런 것뿐이야.

폴린
어깨를 들썩이며
뭔가 있는 게 확실해요…
다들 실뱅한테 가서 여기 오지
말라고 뭐라고 했어요?

피에르
난 그 애랑 말을
섞어본 적도 없어!

폴린
언니나 앙리 아저씨가
뭐라고 했나 보죠.

피에르
도대체 무슨 상상을
하는 거니, 폴린!

폴린
언니라면 충분히 그럴 수
있어요. 실뱅에 대해 나쁜
얘길 한 거죠. 그렇게 하면

언닌 내가 걜 안 만날 거라고
생각했나 본데, 어림없어요.

피에르
마리옹은 아무 얘기 안 했어…
폴린, 잘 들어. 네가 자꾸 날
자극하니 하는 말인데 난
알지도 못하는 그 남자애한테
아무 감정 없어. 하지만 네게
친구로서 조언하는데, 그 애
그렇게 믿지 마. 여기저기
어슬렁거리면서 해변마다
여자들 꼬시는 애인 모양이니까.

폴린
실뱅은 그런 애 아니에요.

피에르
네가 뭘 알아?

폴린
그럼 오빠는 뭘 아는데요?
됐어요, 난 갈래요.

폴린은 뒤돌아 뛰어간다.
피에르가 급히 뛰어가 폴린을 잡는다.
폴린은 몸을 뺀다.

피에르
폴린! 내 말 좀 들어봐, 폴린!

폴린
이거 놔요. 나쁜 얘기 할 거라면
이제 대화하고 싶지 않아요.
윈드서핑 가르쳐준 건 정말

고마워요. 하지만 이제 어쩔 수
없죠. 나중에 배우면 돼요.

피에르
이제 그만 뭘 좀 먹으러 가자.

폴린
배 안 고파요.
살짝 웃으며
사실 배고파요. 그럼 가요…
그런데 왜 다들 날
비난하는 거예요?
나도 모두를 비난할 수 있어요.
오빠, 마리옹, 앙리 다요.

피에르
마리옹은 너에게 책임감을
느끼는 거야. 네가 음흉한
녀석을 만나는 게 싫으니까.

폴린
자기는 잘만 만나면서.
앙리도 아주 음흉하다고요.
그리고 오빠도 음흉하죠.
다들 음흉해요. 다들 속으로는
엉큼한 생각을 하면서. 적어도
실뱅은 솔직하단 말이에요.

피에르
솔직해? 그 녀석이?

폴린
네, 솔직해요. 그리고 오빠는
추잡한 위선자고요!

피에르
실뱅이 다른 여자랑 있었다면
어쩔 건데?

폴린
어깨를 들썩이며
더 해봐요.
계속 말해보라고요…
폴린이 피에르를 바라본다.
언제요? 방금?

피에르
아니, 어제. 너한테 얘기
안 하려고 했는데, 멍청한
놈들이 자꾸 너랑 마리옹을
갖고 노는 꼴 도저히
못 보겠다. 마리옹한테 가서
물어봐. 실뱅이 어제
앙리 집에서 사탕 파는
아가씨랑 뭘 했는지.

폴린
어제 실뱅은 보트를
탔다니까요.

피에르
딱하게도 넌 걔한테
속은 거란다. 마리옹한테
물어보라고.

폴린
좋아요. 가요!

피에르
지금은 안 돼. 마리옹을

방해하게 될 거야.
폴린!

피에르는 폴린을 붙잡으려 하지만
폴린은 빠져나간다. 두 사람은 앙리의
별장으로 뛰어간다.

앙리의 별장.
폴린과 피에르는 앙리의 집에
도착했다. 폴린은 마리옹을 부른다.
잠시 후 마리옹이 윗옷을 입으면서
계단을 내려온다. 피에르를 본
마리옹은 당황한 기색이 역력하다.

피에르
방해해서 미안한데,
날더러 자꾸 거짓말을 한다니
참을 수가 없어서.

폴린
마리옹의 품에 안기며
자꾸 못된 말을 하잖아.

피에르
난 내가 들은 대로 말한 거야.

폴린
고개를 들어 마리옹을 바라보며
아니지? 그런 말 한 적 없지?

마리옹
피에르에게 차가운 말투로
네게 말한 건, 비밀을
지켜줄 거라 믿었기 때문이야.

폴린은 흐느끼기 시작한다.
피에르가 폴린의 어깨 위에 손을
올리려고 하지만, 폴린은 그를
밀어내며 마리옹에게 매달린다.

피에르
미안해, 폴린. 너에게 상처
줄 마음 없었어. 하지만 네가
무시당하는 건 못 참아. 너도
진실을 알 만큼 컸잖아.

앙리가 계단을 내려온다. 그는
피에르에게 경멸하는 눈빛을 던지고는
마리옹 곁으로 온다.

앙리
마리옹에게
그 얘길 꼭 할 필욘 없었잖아.
게다가 입이 가벼운
사람에게라면 더욱더.

마리옹
난 아무 얘기 안 했어.
그 여자가 여기 온 걸
피에르가 본 거야.
우릴 염탐한 거지.

피에르
무슨 말도 안 되는 소리야!
염탐이라니. 우연히 여길 지나다
목격한 것뿐이라고.

앙리
폴린에게
폴린, 내 말 잘 들으렴.

아무 일도 없었어.
실뱅은 널 많이 좋아해.
내 말을 믿어. 둘 사이에
아무 일도 없었다고. 네게
맹세할게. 그 여자가 실뱅에게
달려든 거야. 실뱅을 데리고
욕실로 들어가더라.
그게 다야. 실뱅이 지금
이 자리에 없는 게 아쉽네.
보트 타는 게 오늘로
미뤄졌거든. 너한테 미리
얘기할 수 없었을 거야.
널 보면 내가 얘기하려고 했어.

앙리는 피에르에게 다가간다.

…남 일에 참견 좀
그만하지그래? 무슨 짓을
했는지 보이나?

앙리는 더 크게 울고 있는
폴린을 가리킨다. 피에르는 뒤돌아
밖으로 나간다.

제방.
제방 위에서 피에르는
루이제트와 마주친다.

루이제트
아까 그 여자애는 찾고 있던
남자애 만났나요?

피에르
관심 있어요?

루이제트
아뇨. 걔가 어딨는지
물은 건 그쪽이잖아요.
난 관심 없어요.

피에르
여자애가 걱정해서요.
원래 오늘 만나기로
했었나 봐요.

루이제트
남자애들을 뭐 하러
걱정해요? 남자친구래요?

피에르
몰랐어요?

루이제트
난 그 남자애 몰라요.
뭐, 어렴풋이 알죠.

피에르
어렴풋이라.

루이제트
네, 어렴풋이요. 도대체
무슨 말이 하고 싶은데요?

피에르
그런 거 없어요.
그럼 앙리는 알아요?

루이제트
그 애 친구요? 네, 뭐 그런
셈이죠. 근데 당신
경찰이에요, 뭐에요?

피에르
마리옹이라고, 앙리 애인이
그러는데 같이 있다가
딱 걸렸다면서요?

루이제트
누구랑요?
앙리요 아님 실뱅이요?

피에르
잠시 망설이다
실뱅이요. 걔가 실뱅이라
그랬어요.

루이제트
그 여자가 뭐라 하든
난 신경 안 써요.

피에르
그럼 사실인가 보네요?

루이제트
신경 안 쓴다고 했잖아요.
진실은 아픈 거예요.

피에르
그럼 아닌가 보네요?

루이제트
상관할 거 없잖아요.
난 그쪽이 누군지도 모른다고요.
난 당신들 문제에 엮일 생각
없어요! 그리고 내가 앙리랑
있었느니 실뱅이랑 있었느니
떠드는 사람이 있으면

작살을 내버릴 거예요.
내 친구들을 시켜서요.
또 내 남자친구도. 나도 애인
있어요. 심지어 둘이나!
한 명은 그랑빌에,
다른 한 명은 아메리카에 있죠.
내 험담을 했다간 걔들이
가만 안 둘 거라고요.

피에르
그쪽이 다른 남자에게
꼬리치는 건 괜찮고?

루이제트
난 꼬리친 적 없어요.
도대체 날 뭘로 보는 거예요?
마음만 먹으면 난 원하는
만큼 남자들을 만날 수 있다고!
하지만 난 잘생긴
남자만 좋아하죠.

피에르
앙리는 어때요?

루이제트
나쁘지 않죠. 하지만 난
그 남자는 물론이고 그 누구도
쫓아다닌 적 없어요.

피에르
아까 그 여자애가 지금 무척
슬퍼해요. 당신이 자기
남자친구랑 같이 있었다고
생각하거든요.

ÉRIC ROHMER

190

루이제트
누가 그딴 소릴 해요?
혹시 그 금발 여자?

피에르
맞아요… 그런데
사실이에요, 아니에요?

루이제트
당연히 아니죠! 내가 그런
꼬마앨 만날 것 같아요?

피에르
그럼 앙리랑 있었다는 거네?

루이제트
당신이랑 상관없는
일이잖아요. 그 여자가
꾸며낸 거예요. 난 아무하고도
안 있었다고.

피에르
앙리 방에서 같이 있던 사람
누구예요?

루이제트
앙리 방? 난 거기
들어간 적도 없는데.

피에르
거기 있었잖아요!

루이제트
누가 그래요? 그 여자?
도대체 자기가 어떻게 알고?

피에르
아뇨. 나예요. 내가 그때
집 뒤편에 있다가
창문으로 봤거든요.

루이제트
아, 당신네들 진짜 경찰이군요!
그래요. 내가 앙리랑
있었나 보죠, 뭐. 그래서
뭐요? 내가 그 얘길 동네방네
떠들고 다녀야 하는 건가요?
그 여자 입장에서 생각해봐요.
그 여잔 나한테 잘못한
것도 없는데. 상처주고
싶지 않다고요.

피에르
내가 제대로 이해한 게 맞다면,
앙리가 당신과 실뱅을 욕실로
숨기면서 두 사람이 같이 있었던
것처럼 굴라고 시킨 거군요.

루이제트
그 사람은 아무 말 안했어요.
욕실로 들어간 건 나라고요.
침대에서 걸릴 순 없잖아요.
그건 정말 최악이잖아!

피에르
그럼 실뱅은요?

루이제트
앙리가 안으로 밀어 넣던데요.
왜 그랬는지는 몰랐고요.

아, 이제야 이해가 되네.
그 여자가 문으로 우릴 봤구나.
하지만 우리가 무슨 말을
할 수 있었겠어요? 난 너무
창피해서 얼굴이 새빨개졌었죠.
아래층에 수영복을 두고
말리느라 겨우 수건 한 장
걸치고 있었고요…
그럼 앙리는 아무 말이나
지어내서 쏙 빠져나갔겠네.
난 그런 일에 도움주고 싶진
않은데. 이용당하기 싫다고요!
…그쪽 여동생이에요?

피에르
누구? 마리옹?
아, 맞아요.

루이제트
그럴 줄 알았어요.
얘기 안 할 거죠?

피에르
안 할 테니 진정해요.
하지만 어린 여자애한텐
말하려고요.

루이제트
걔 남자친구가 말하겠죠.
걔도 동생이에요?

피에르
아뇨. 사촌이에요…
네, 그러니까 내 사촌 동생.

루이제트
내가 상관할 바는 아니지만,
여동생들이 아주 좋은 남자를
만나는 것 같진 않네요.
하지만 아주 예뻐요. 특히
그 언니분 말예요. 당신이
오빠라니 안타깝네요. 둘이 잘
어울리는데…
오늘 저녁에 뭐 해요?

피에르
오늘 저녁이요?

루이제트
오늘이 이곳에서의
마지막 날이거든요. 파티를
하고 싶어요. 그런데 친구들은
다 떠났어요. 남자친구만
빼고요. 하지만 그이는
너무 자주 봐서요.

피에르
고맙지만 약속이 있어서요.

루이제트
내가 살게요!
나 돈 있어요.

피에르
고맙지만 사양할게요.

루이제트
내가 사탕이나 파는
여자라 그래요?

피에르
그럴 리가요! 사촌들 집에서
저녁을 먹기로 했어요.

루이제트
어쩔 수 없죠. 다른 사람을
찾아볼 수밖에.
그럼 좋은 저녁 보내요!

피에르
잘 가요!

루이제트가 멀어진다. 피에르는
어느 쪽으로 가야 할지 망설이는 듯
잠시 그 자리에 머문다. 그러다 갑자기
자전거를 타고 다가오는 실뱅을 본다.

실뱅
안녕하세요!
폴린 못 봤나요?

피에르
아마 지금 앙리네 집에 있을걸.

실뱅
감사해요!

───────────

앙리의 별장.
실뱅이 벽에 자전거를 두고
대문을 넘어 정원으로 들어온다.
길 끄트머리에 다다르자 마리옹과
폴린이 차에 올라타는 모습이 보인다.
실뱅이 그들을 부른다. 두 사람은
대답하지 않는다. 실뱅이 앞으로

급히 뛰어나가지만 앙리가 그를
막아세우고 그사이 차는 출발한다.
화가 난 실뱅은 빠져나오려
발버둥친다.

앙리
지금은 해명할
타이밍이 아니야.

실뱅
난 해명할 것 없어요!
도대체 또 뭐라고 한 거죠?
우린 입 다물게 하고선
당신만 말했잖아요!

앙리
아니. 난 아무 말 안 했어.

실뱅
그럼 당신 애인이?

앙리
아니. 피에르가.

실뱅
그 사람은 아무것도
모르잖아요.

앙리
그때 우리 집 뒤편에
있었다더군. 우릴 염탐한 거지.
내 방에 여자가 있는 걸 봤대.

실뱅
그 사람이 본 건
당신이랑 같이 있던 모습이지,

내가 아니잖아요.

앙리
피에르는 여자만 봤어.
다행히도.
나로선 잘된 일이지.

실뱅
난 아니잖아요!
내가 뒤집어쓰진 않을 거예요.

앙리
진정해. 그렇게 호들갑
떨 일 아니라고!
네 여자친구에겐 그 여자가
네게 들이댔고
넌 거절했다고 말했어.

실뱅
참 잘도 그랬겠네요!
당신 진짜 비열한 인간이야!
우리가 어리다고 지금
우리한테 다 뒤집어씌우고
자기만 빠져나가다니.
정말 역겹다고요…
두 사람 사는 곳이 어디에요?

앙리
아, 모르니? 저 위 언덕에.
여기서 한 5킬로미터쯤.
가려면 가봐. 막을 생각 없어.

실뱅
정확히 어딘데요?

앙리
나는 차로만 가봐서
너한테 설명하기가…
그러니까…

실뱅
화가 나서
잘 들어요. 한 가지는
확실해요. 내일이면
폴린과 마리옹이 다 알게
될 거라고요.

앙리
내일은 얘기가 다르지.
여자에게 그렇게
다짜고짜 얘기하면 안 되는
일이 있는 거란다.

실뱅
그 입 가벼운 남잔 폴린한테
다짜고짜 얘기 안 한 거고요?

앙리
잘 들어. 난 그 사람이
아니야. 어쨌든 여자 하날
울렸다고 다른 여자까지
울릴 필욘 없잖아.

실뱅
정작 울어야 할 사람은 안 울고
엉뚱한 사람이 울었으니까요.

앙리
그건 중요하지 않아.

실뱅
도무지 이해가 안 돼요.
끝내주는 애인을 두고서
그런 우스꽝스러운 여자랑
놀아나다니!

앙리
난 편견 없는 사람이란다.
그리고 그 우스꽝스러운 여자가
정말 관능적이거든.

실뱅
늙다리들한테나 그렇겠죠.

앙리
고맙다. 그래, 난 늙었어.
하지만 한 가지만 말하지.
난 그동안 사랑하고 또
사랑받으며 살았어. 이제는 다
지겨워. 쉬고 싶다고. 내게 정열
같은 건 이제 없어.
난 마리옹이 성가시다고.

실뱅
그럼 쫓아다니지를 마시던가!

앙리
난 쫓아다닌 적 없어. 마리옹이
날 쫓아다닌 거지. 어쨌든 그런
여자를 누가 마다하겠어!

실뱅
그럼 그분을 신경도
안 쓴다는 거군요!

앙리
그건 아냐. 호감은 있지.
어느 정도 애정도 있다고…
하지만 난 사람들을
울리는 건 싫어. 사실 난 너무
좋은 사람이지. 그래서 늘
말썽이지만.

———

마리옹의 집.
폴린과 마리옹은 아침을 먹는다.
폴린은 상심한 얼굴이다.

마리옹
슬퍼하는 널 보니 마음이
아파. 피에르에게 아무 말
말았어야 했는데.

폴린
아는 게 나아. 그리고 난 슬프지
않아. 실뱅이 맘에 들긴 했지만
정말로 좋아한 건 아니었어.

마리옹
난 첨부터 걔가 맘에 안 들었어.

폴린
각자 취향이 있는 거야.

마리옹
넌 가장 먼저 만난 남자애를
사귀었잖아.

폴린
그러는 언니는?

마리옹
그래. 그 얘긴 그만두자…
하지만 지금도 넌 더 괜찮은
남자를 만날 수도 있어.
경험을 쌓기 위해서라도.
누구 말하는지 알지?

폴린
아니.

마리옹
피에르 말이야.

폴린
나이가 너무 많잖아!

마리옹
젊고 잘생겼잖아.

폴린
알아. 어른을 좋아하는
내 또래 여자애들도 있지.
하지만 난 아냐. 피에르가
나한테 잘해주긴 하지.
귀찮게 하지도 않고. 그래도
어쨌든 언니가 피에르에
대해 그런 식으로
얘기 안 했으면 좋겠어.

마리옹
칭찬하는 거잖아.
정말 매력적인 남자라니까.

폴린
그럼 언니가 만나.

둘이 잘 어울릴 거야.

마리옹
그럴지도. 하지만 사랑은
강요한다고 되는 게
아니야. 나한테 피에르는
어린아이일 뿐이라고.

폴린
나한텐 나이 많은 아저씨고.
앙리만큼이나. 하지만
앙리보다는 착하고 잘생겼지.

마리옹
있지, 너한테 피에르를
사랑하라고는 못 하겠다. 너도
내게 그럴 수 없는 것처럼.
넌 앙리에 대해 안 좋게
말하겠지. 그리고 나도 그런
생각들을 해. 하지만 그 모든
것에도 불구하고 도저히 그와
헤어질 수가 없어.

폴린
무슨 생각을 하는데?

마리옹
글쎄… 우리의 사랑은
불가능하다… 지구 반대편에
사는 남자를, 게다가 내가
사랑하는 것보다 날 덜
사랑하는 게 확실한 그런 남자를
사랑하다니 미친 짓이다…
뭐, 이런 생각. 그렇긴 하지만

앙리도 날 많이 좋아하는 것
같아. 무관심해 보여도 말야.
내 사랑이 너무나 강렬해서
그 사람도 그런 사랑을 느끼게
할 수 있을 것 같아. 시간만
충분하다면. 나를 정말 많이
사랑하게 만들고 싶어.
그럼 내가 아파할 때 그이도
아파하겠지.

폴린
사랑한다면서 왜
아프게 하는데?

마리옹
사랑한다면 모든 걸 나눠야
하니까. 기쁨이든 슬픔이든.

폴린
사랑은 강요할 수 없는 거라며.
순식간에 일어나는 일이고.
그러면서 언니를 사랑하게
만들겠다니!

마리옹
'더' 사랑하게 하겠다는 거야.
그리고 말했잖아. 그 사람이
표현하는 것보다는 날 더
사랑하는 게 분명해.

폴린은 생각에 잠겨 대답이 없다.
우체부가 찾아와 전보를 전한다.
마리옹은 늦은 오후 파리에서 중요한
약속이 잡혔다.

마리옹
오후에 파리에 가봐야겠다. 내일
기차로 돌아올게. 역에 가는
길에 해변에 내려줄까? 앙리나
피에르가 집에 데려다줄 거야.

폴린
아냐. 가기 싫어.

———

앙리의 별장.
마리옹은 역으로 가는 길에 앙리의
집에 들른다. 문을 두드리지만
아무도 없다. 그녀는 휘갈긴 쪽지
한 장을 문 밑으로 밀어 넣는다.

———

마리옹의 집.
오후 4시. 폴린은 정원의 긴 의자에
앉아 한 손에 책을 든 채 생각에 잠겨
있다. 그러다 대문 앞에 멈춰서는
자동차 소리를 듣는다. 피에르의 차다.

피에르
잘 있었니?
오늘은 안 나왔더라!

폴린
마리옹은 약속이 생겨서
파리에 갔어요.

피에르
널 혼자 두고? 해변에라도
좀 데려다주고 가지.

폴린

내가 여기 있겠다고 했어요.
오늘은 사람들을 만나고 싶지
않거든요.

피에르

그럼 난 가볼게. 그리고
어제 일은 정말 사과하고 싶어.

폴린

괜찮아요. 오히려
잘하신 거예요.

피에르

아냐. 네 남자친구가
엄청 화를 냈겠네.

폴린

오빠가 얘기했다고
앙리가 말했겠죠.

피에르

그럼 넌? 넌 얘기 안 했어?

폴린

안 했어요. 우리가 막 떠나는데
실뱅이 오더라고요.

피에르

뭐라고?
네가 말한 게 아니고?

폴린

아니에요. 다신 만나고
싶지 않아요.

피에르

세상에, 폴린. 정말 끔찍하다!
그 인간이 아무 얘기도
안 했구나. 사탕 파는 아가씨랑
같이 있던 건 앙리였어.

폴린

앙리? 하지만 그 여자가
실뱅이랑 같이 있는 걸 오빠가
봤댔잖아요. 마리옹도 봤댔고요.

피에르

앙리가 우리 모두를
속인 거야. 아, 정말 악마
같은 자식! 마리옹이
들어갔을 때, 그 녀석이
네 친구를 그 여자랑 같이
욕실로 밀어 넣은 거야.

폴린

실뱅이 순순히 그렇게
했다고요?

피에르

걔가 거기서 무슨 말을
할 수 있었겠어?

폴린

그건 그렇네요. 그럼 오빠는
어떻게 알았어요?

피에르

그 여자가 나한테 직접
말해줬어. 게다가 그게 훨씬 더
말이 되잖아.

폴린
생각에 잠기며
오늘 실뱅 봤어요?

피에르
아니. 해변에 없던데.
앙리도 안 보이고.

폴린
지금 가면 있을 지도 몰라요.
가볼까요?

해변.
폴린과 피에르는 제방에 서서
해변을 살핀다.

또 다른 해변.
두 사람은 그랑빌의
제방 위를 걷는다.

폴린
아마 오늘 아빠랑 보트를
타러 갔나 봐요.

피에르
그럼 항구 쪽으로 가보자.

폴린
이 시간이면 벌써 돌아왔을걸요.

피에르
그래도 한번 가보자.
가보면 알겠지.

항구.
두 사람은 부두를 따라 걷는다.

피에르
어디 사는지는 알아?

폴린
여기 그랑빌이요. 하지만 정확한
주소는 몰라요. 걔도 내 주소를
모르고. 서로 주소 알려줄
생각을 못 했어요. 늘 해변에서
만났으니까.

피에르
저녁이나 먹으러 갈래?

레스토랑.
저녁 식사가 끝나간다.

피에르
무슨 생각 하니?

폴린
사람들은 다른 사람의
선택을 절대 인정하지
않으려는 것 같아요. 오빠는
마리옹이 앙리를 만나는 걸
못마땅해하고, 마리옹은
내가 실뱅을 만나는 걸
못마땅해했죠. 그리고 난
앙리가 그 여자를 만나는 게
이해가 안 돼요.

피에르
난 그 둘이 만나는 게
가장 이해가 돼.

폴린
그래야 오빠한테
유리하니까요? 나한테도
그랬겠지만 이제 아무
소용없죠…

피에르
그래. 서로 잘 어울리는
커플이 있는 거야.
그 둘이라면 난 인정해.

폴린
그럼 나랑 실뱅도
인정해야겠네요.
우린 잘 어울리니까.

피에르
난 그 애한테 아무 감정 없어.
어제 일만 빼면. 어쨌든
그것도 사실이 아니었고.
하지만 넌 그런 꼬마보다는 훨씬
좋은 남자를 만날 수 있어.

폴린
실뱅이 너무 어리기
때문인가요?

피에르
아니. 난 그 나이 때
실뱅 같지 않았어.

폴린
어땠는데요?

피에르
다정하고 로맨틱했지.

폴린
실뱅도 다정해요.

피에르
잠시 말이 없다가
너랑 마리옹 둘 다 그렇게
형편없는 놈들이 도대체
뭐가 좋다고 달려드는 건지 난
이해를 못 하겠어.

폴린
오빠한텐 두 사람이
형편없어 보일지 몰라도
우리에겐 안 그래요.

피에르
그렇지 않아.

폴린
어떻게 오빠가 다른 사람들이
좋은지 아닌지를 결정해요?

피에르
실뱅은 그렇다고 치자.
인정한다고 했잖니. 하지만
앙리는 아니야. 절대 아냐!
아니라고! 마리옹이 그를
사랑할 순 없는 거야.
미치지 않고서야.

폴린
사랑은 어떻게 보면
미치는 거예요.

피에르
아냐! 좋은 걸 사랑해야지.
자기에게 좋은 걸. 진정한
사랑은 속이지 않는 거라고.
그런데 마리옹은 실수하는 거야.
자기 입으로 그랬잖아. 실수를
했었다고. 걘 평생 실수만
저지른다니까! 나를 화나게
하는 건, 불행을 자초하려고
안간힘을 쓰는 사람들을
지켜보는 일이야. 마리옹이
자기와 잘 맞는, 자기에게 좋은
남자를 사랑했다면 내가 제일
먼저 인정하고 이해해줬을 거야.
하지만 걘 늘 자기랑 가장 먼
사람을 찾아다닌다니까.
난 이렇게도 마리옹이 가깝게
느껴지는데… 마리옹을 다시
봤을 때 이 친숙한 느낌이
매우 강하게 들었어. 마리옹은
나를 위한 사람이고, 나의
일부라는 걸 깨달은 거야.

폴린
바로 그거예요. 오빠는 너무
가까운 사람이에요. 마리옹은
오빠를 속속들이 꿰고 있잖아요.
언니에겐 더 이상 신비감이 없는
거죠. 낯설지가 않으니까요.

피에르
난 낯설어지고 싶지 않아!
난 낯선 걸 싫어해.
내가 마리옹을 처음 만났을 때,
걘 앙리보다 이상한 놈을
만나고 있더라. 둘 사이가
얼마 못 갈 거라고, 언젠간 내게
올 거라고 생각했지. 하지만
그사이 다른 놈이 나타나
마리옹을 채갔어.
너도 그 남자 알지?

폴린
언니 남편이요?
네, 어릴 때 봤죠. 그렇게
이상하지 않던데.

피에르
맞아. 사실 너희 언닌 그냥
아무나 만난 거야.
아무나하고 결혼한 거라고.
그러면서 나는 안 된대.

폴린
오빠는 기회를 놓친 거예요.
좀 적극적으로 나섰어야죠.

피에르
난 그렇게 밀어붙이는 걸
좋아하지 않아. 마리옹이 스스로
나에게 와주길 기다리고 싶어.

폴린
그럼 기다려요.

피에르

기다릴 거야. 얼마나 걸리든.
마리옹이 날 사랑할 때까지.
그리고 그게 너무 오래
걸린다면, 내가 더 이상
마리옹을 사랑하지 않게
될 때까지. 어느 날 그녀를
사랑하지 않게 될 수도 있는
거니까. 충분히 그럴 수 있지.
그럼 그때서야 마리옹이
날 사랑하게 될지도 몰라.
하지만 이미 늦은 거지. 그게
나의 복수가 될 거야.

폴린

결국 오빠는 마리옹을 사랑하지
않는 거네요. 마리옹이 오빠를
사랑하길 바랄 뿐이죠. 그건
전혀 다른 얘기예요.

피에르

누군가를 사랑하면 그 사람에게
사랑받고 싶은 건 당연한 거야.
마리옹이 내가 아닌 앙리
같은 녀석을 사랑하기 때문에
질투하는 게 아니야. 그건 내가
마리옹을 사랑하는 수준 아래로
그녀의 가치를 떨어뜨리기
때문이라고.

폴린

지금 그 말은 좀 재수 없게
들리는데요. 혹시 본인이

세상의 중심이라고
생각해요?

피에르

아니, 전혀. 내가 세상의
중심이라고 생각하지 않아.
마리옹이 나랑 정반대의
남자들에게 근본적으로
끌리는 거라면, 내가 마리옹에게
그런 존재라고 믿는 것처럼
마리옹이 나를 위한 여자가
아니라면, 그리고 나의
모든 사랑이 기대고 있는
이 확신이 무너진다면,
난 그녀를 단념할거야. 그렇게
간단한 일이라고.

피에르와 폴린이 자리에서
일어나는데, 2층에서 앙리와 실뱅이
내려온다.

앙리

두 사람 여기 있었어?

실뱅
폴린에게

떠난 거 아니었어?

폴린

떠나다니? 어디로?

실뱅

글쎄. 우린 네가 마리옹이랑
파리에 간 줄 알았지.

폴린
아냐. 그럼 넌?
넌 어디 있었어?

실뱅
우린 요트 경기를
보러 갔었어…

앙리
실뱅의 말을 자르며
잠깐. 우리 모두 서로에게 할
중요한 얘기가 있는 것 같은데.
우리 집으로 가는 거 어때?
거기가 더 조용할 테니.

피에르
난 폴린을 데려다줘야 해.

앙리
별로 안 늦었어.
게다가 가는 길이잖아.

피에르
그 전에 폴린은 당신이
얘기를 들려주길 바랄걸.

앙리
폴린에게
실뱅과 그 여자 얘길
안 믿었길 바란다. 마리옹이
다 꾸며낸 얘기거든.

실뱅
앙리를 가리키며
들었지? 이 아저씨가

그 여자랑 같이 있었던 거라고.

앙리
그래. 나였어. 자, 다
내 잘못이야. 둘이 얼른
꺼안고 화해해.

앙리는 두 사람을 서로에게 가까이
민다. 실뱅은 폴린에게 입 맞추지만
폴린은 그러지 않는다.

폴린
실뱅에게
네가 순순히 그러게 됐다는 게
이해가 안 가.

실뱅
안 그럼 일이 커질 것 같아서
그랬어. 게다가…

폴린
그때 이미 일이 커졌다는 생각은
안 했어? 난 안중에도 없었던
거지. 다들 하나같이 역겨워!

모두 밖으로 나간다.

앙리의 별장.
앙리는 삼페인 한 병을 딴다.

앙리
잔에 삼페인을 따르며
자, 우리 모두의 화해를
축하하며 한잔하자고.

실뱅
아직도 나한테
화나 있는 거 아니지?

폴린
실뱅에게
너한테 화 안 났어.

앙리
그럼 나한테 화난 건가?

폴린
따르기나 해요…
웃으며
고마워요.

앙리
피에르의 잔을 따르며
당신한테는 확실히
화가 났겠지.

피에르
무슨 소리야. 난 이 일에
관련 없는 사람이라고. 폴린이
당신을 용서하길 바라야지.

앙리
자, 한잔 들라고! 내가 술수에
능한 사람이라고 생각하나?
전혀 아냐. 난 별다른 생각 없이
행동한 거야.
실뱅에게
난 너희 두 사람이 문 뒤로
알아서 숨을 거라고 생각했어.
하지만 그러지 않더군.

실뱅
아, 이젠 또 내
잘못이라는 거군요.

앙리
너한테 뭐라고 하는 게 아니야.
물론 두 사람 모두 자기가
원하는 대로 행동할 수 있지.
심지어 마리옹에게
얘기할 수도 있었겠고.

실뱅
내가 아저씨 애인한테?
그건 아니죠. 난 저 남자랑
다르다고요.
피에르를 가리키며
고자질쟁이 같으니!

피에르
뭐라고?

실뱅
당신은 고자질쟁이라고요.
고자질쟁이는
입을 막아야 해!

피에르
덜떨어진 어린놈이 하는 말,
난 신경 안 써.

실뱅
나도 덜떨어진 어른의
헛소리를 들었다고 밤잠을
설치진 않는다고요.

피에르

그럼 가서 자지그래.

앙리

중재하며

그만, 그만. 이제 그만하라고.
우리 화해하기로 했잖아.
우린 화해한 거라고!
내 탓이야. 모든 잘못은
내가 짊어지지. 이 사건은 이제
끝난 거야. 더는 얘기하지
말자고.

피에르

그래. 그만 얘기합시다.
난 가야겠어. 내일 파리로
돌아갈 거라 일찍 쉬어야 해.
이리 와, 폴린. 가자!

실뱅은 팔로 폴린의 어깨를
감싸 안는다.

실뱅

그냥 가요. 폴린은 앙리가
데려다줄 테니까.

피에르

말도 안 되는 소리 마.
내가 데려왔으니 내가
데려다줄 거야.

피에르는 폴린의 손을 잡아
실뱅에게서 데려오려 한다. 실뱅이
다른 팔로 폴린을 붙잡는다.
폴린은 소리를 지른다.

폴린

이거 놔요!

피에르가 폴린을 놓자 실뱅이 자신에게
데려오며 계속 폴린을 붙잡는다.
실뱅, 이거 놔. 놓으라고 했지!

실뱅

안 갈 거지? 그렇지?
…어서 대답해!

폴린

이거 먼저 놓으라고!

실뱅

말해. 안 갈 거지?

피에르가 실뱅의 팔을 잡는다.

피에르

애를 놓아주라고!

실뱅이 피에르를 밀친다.

실뱅

내 몸에 손대지 마요.
당신 하나도 겁 안나!

두 남자는 치고받기 시작한다.
앙리가 싸움을 말린다.

앙리

싸우고 싶으면 나가서 싸우라고.
우리 집에선 안 돼. 알겠어?

앙리는 힘겹게 두 사람을 떼어놓는다.
두 사람의 몸싸움에 떼밀린 폴린은
소리를 지르며 옆방으로 뛰어간다.

앙리
정말 어리석군. 무슨 짓을
했는지 보이나? 지금 저 아일
태워갈 순 없겠어. 좀 진정될
때까지 기다리자고.

세 사람은 기다린다.

앙리
실뱅에게
근데 지금 몇 시니?
너 11시까지는 돌아가야
한다고 하지 않았어?

실뱅
맞아요. 아빠한테
엄청 깨질 거예요.

앙리
피에르에게
피에르, 당신이 이 애 좀
데려다줘.

피에르
직접 데려다주지그래.

앙리
같은 동네잖아. 당신이
가는 게 훨씬 간단하지.
폴린은 내가 데려다줄게.
좀 진정이 되면.

피에르
내가 데려왔으니,
내가 데려다줄 거라고.

앙리
피에르!
괴상하게 좀 굴지 마!

폴린이 눈물을 훔치며 방에서 나온다.
그녀는 피에르에게 온다.

폴린
피에르, 실뱅을 좀
데려다줄래요?
이러다 쟤 아빠한테
혼나겠어요. 나는 앙리가
데려다줄 거예요.
앙리에게
그래도 되죠?

앙리
그럼, 당연하지. 혹시
원하면 자고 가도 돼. 집이
비어서 방이야 많으니까.

피에르
폴린과 실뱅에게
내가 그냥 너희 둘 다
데려다줄게. 자, 가자.

앙리
왜 그런 짓을 해. 시간이
배로 들 텐데.

피에르
10킬로미터만 더
운전하면 돼.
자, 얘들아, 갈까?

폴린
난 여기 있을래요.

피에르
뭐?

폴린
여기서 자고 갈래요.
앙리가 그러라고 했잖아요.
그러죠, 뭐.

피에르
농담이지?

폴린
아뇨, 전혀. 집으로 가기
싫어요. 그 집에 혼자 있으면
무서울 거예요.

피에르
그건 절대 안 돼.
난 널 데려다줘야 해.

폴린
그래야 한다니요? 오빠에겐
아무런 의무도 없어요.

피에르
아니. 난 너에게 책임이 있어.

폴린
오빠에겐 아무런 책임이
없다니까요. 난 내가 알아서
책임져요. 우리 부모님이 날
마리옹 언니에게 맡긴 건 맞죠.
하지만 언니는 날 누구에게도

맡기지 않았다고요.
오빠에게도 앙리에게도.

피에르
내가 너를 저 녀석이랑 혼자
있게 두고 그냥 갈 것 같아?

앙리
피에르! 너 도대체 왜 그래?
난 늑대가 아니야.
얘 안 잡아먹는다고.

피에르
지쳤다는 듯
그래, 그럼 여기 있든지.
그런데 이건 우리의 우정을
저버리는 일이야. 우리가
함께 보낸 저녁을 완전히
망치는 거라고.

폴린
우정을 저버린 건 바로
오빠야! 내 생각도 좀 해줘야
할 것 아니에요. 난 지금
휴가 중이잖아요. 우리
부모님이 여기 안 계신다고 해서
내게 아무런 권리도
없는 사람들이 나보고 뭘 해라
말아라 할 수는 없는 거라고요.
내가 하고 싶은 대로 할 거야.
여기 있고 싶으니까
여기 있겠어요. 앙리도
그러라고 했고…

피에르

그래, 좋아. 그럼 잘 자.
실뱅에게
실뱅, 갈까?

실뱅은 폴린에게 입 맞춰 인사한다.
피에르는 이미 문 앞에 서 있다.
폴린이 피에르에게 달려가 다정하게
그의 허리를 안는다.

폴린

피에르! 적어도 인사는
해줘야지. 화 안 냈으면
좋겠어요.

피에르는 폴린의 양쪽 뺨에 입 맞춰
인사한다. 두 남자는 떠난다. 폴린은
문지방에 서 있다 생각에 잠긴 채
돌아온다. 앙리와 눈이 마주친다.
몇 초간 불편한 침묵이 흐른다.
마침내 폴린이 결심이 선 듯 앙리에게
다가가 뺨에 입 맞추며 인사한다.

폴린

졸려요. 잘게요.

앙리

잘 자렴!

폴린은 계단을 오른다.

앙리의 별장, 침실.
햇살이 방 안을 비춘다.
전화벨이 울린다. 앙리가

잠에서 깨어 전화를 받는다.

앙리

여보세요? 네… 누구요?
…아, 이네스!
스페인어로
내 사랑, 웬일이야?
나야 잘 지내지. 자긴 어때?
…지금 어디야?
…뭐? 키플론?
프랑스어로
키플론이라니 그게 뭐야?
…아, 키브롱! 여기 바로
근처잖아!
…정말? 그럼 나도 좋지.
언제? 내일? 응, 그럼.
난 완전한 자유의 몸이야.
응, 마리는 엄마한테 돌아갔어…
근데 오늘은 안 돼?
…그래, 좋아. 나한테
한 시간만 줘. 옷만 챙겨 입고
갈게. 보트 이름이 뭐야?
…'라레볼토사'.
…빨갛고 검은 색에…
쌍돛대라고… 알겠어.
좀 이따 보자고.
이만 끊을게.

앙리는 일어나 아래층으로 내려간다.
그는 부엌으로 가서 주전자에 물을
받고 가스레인지를 켠다. 그러고는
위층으로 다시 올라가 폴린이 자고
있는 방 문 앞으로 간다. 먼저 방에서

나는 소리에 귀를 기울여본 뒤 아무
소리도 들리지 않자 조심스럽게
손잡이를 돌리고 방 안으로 들어간다.
폴린은 팬티 차림으로 자고 있다.
말려 올라간 시트 아래로 폴린의
다리가 드러난다. 앙리는 한동안
그녀가 잠든 모습을 지켜보더니
침대로 가까이 다가간다. 조심스럽게
몸을 숙이고 잠들어 있는 폴린의 발에
입 맞춘다. 대담해진 앙리는 그녀의
다리, 무릎, 허벅지에 차례로 입 맞춘다.
깜짝 놀라 깨어난 폴린은 물러나면서
앙리의 배를 힘껏 걷어찬다.

앙리
아야! 아프잖아!

앙리는 숨을 가다듬으며 의자에
주저앉는다. 폴린은 겁에 질린다.

폴린
많이 아파요?

앙리
아냐, 괜찮아. 좀 놀란
것뿐이야. 미안해.
난 그냥 널 조심스럽게
깨우려고 그랬던 거야.

폴린
위선 떨지 마요.

앙리
그래, 난 남자고 넌 여자잖니.
넌 예쁜 다리를 가졌고.

됐어? 이제 솔직한 대답이
됐나?

폴린
남자들은 도저히 이해
불능이에요. 특히
나이 든 남자들이요. 어떤
일에도 솔직한 법이
없다니까요. 당신도,
피에르도. 실뱅은 그래도
직선적이에요.

앙리
그 앨 좋아하니?

폴린
아뇨. 실망했어요.
차라리 날 속였더라면
나았을 거예요. 근데 당신
농간에 놀아나다니!

앙리
걘 그러지 않았어. 등 떠민 건
나라고. 얘기했잖니!
자, 아침 먹고 싶으면 내려와.
금방 준비할게.

앙리의 별장, 주방.
폴린은 커피를 다 마신 참이다.
앙리는 그녀에게 봉투를 내민다.

앙리
마리옹에게 좀 전해주렴!

좀 전에 전화를 받았는데,
난 급히 키브롱으로
가야 할 것 같아. 이제 짐을
챙겨서 널 데려다주고,
난 바로 떠날 거야.

폴린
언제 돌아오는데요?

앙리
안 돌아와.
난 배를 타고 스페인 해안으로
떠날 거야. 적어도 두 주는
걸릴 거고.

폴린
그럼 언니는요?

앙리
마리옹… 마리옹은…
데려가고 싶지만 자리가
없어. 편한 여행도
아니고. 이건 크루즈 여행이
아니야. 전문가들이
하는 어려운 스포츠라고.

폴린
언니 얼굴이라도 보고 가요.
12시면 도착할 텐데.

앙리
그럼 늦어. 그리고
솔직히 난 작별인사를
좋아하지 않아.

폴린
차라리 언니 얼굴 보고
얘기 못 하겠다고 말해요.
당신은 비겁해요.

앙리
비겁한 게 아니라 마리옹이
이해 못 할 것 같아서 그래.

폴린
그건 나도 마찬가지예요.
그 사탕 파는 여자가 도대체
어디가 좋다는 건지 도무지
이해가 안 된다고요. 제정신이
아니고서야 언니처럼 예쁜
여잘 두고 어떻게 그 사람을
만날 수 있는 건지…

앙리
그래. 마리옹은 아주 예뻐.
몸매도 훌륭하고. 완벽해.
너무 완벽하지. 마치
조각상처럼. 모든 여자들이
부러워하는 몸매를 가졌어.
이상적인 모델이라고.
그런 그녀를 보면 감탄이
나오지. 하지만 별로 끌리지가
않아. 오히려 완벽하지 않은
여자만 못해. 완벽함이란 건
숨 막히는 거야. 어느 날
유전학자들이 염색체를
조작해서 이상적인 여자의
모델을 만들어낸다고 생각해봐.

올더스 헉슬리가 쓴
『멋진 신세계』에 나오는 것처럼.
혹시 읽어봤니? 모르려나?
그래, 중요하지 않아.
어쨌든 그런 일이 생긴다면
그 여잔 분명 마리옹 같을 거야.
그럼 모든 여자들이 점차
마리옹처럼 되겠지. 그럼
온 지구가 마리옹으로
가득 차게 될 거라고!

폴린

그 사탕 파는 여자분이 훨씬
인위적인 것 같은데요.

앙리

행동을 봐선 그럴지도.
하지만 본성은 안 그래.

폴린

아니에요! 마리옹은 어떤
여자랑도 닮지 않았어요.
유일무이한 존재라고요.

앙리

유일무이하다라. 맞아.
다행히도. 그건 다른 모든
인간들도 마찬가지야.
하지만 바로 그녀의 그런
완벽함 때문에 그 유일성은
보편적인 게 되고 말지.
무슨 말인지 알겠니?
아니, 이해 못 하는구나.
네 나이 때에 할 수 있는

생각은 아니야. 그럼 이 얘긴
네가 좀 더 이해하기 쉬울 거야.
마리옹은 곧바로
내 품으로 뛰어들었어.
내게 애태울 시간을 주지
않았지. 앞으로 너도 상대를
애태울 줄 알아야 할 거야.
안 그럼 불행해질 테니까.
그리고 한 가지 더.
난 마리옹을 두고 루이제트와
바람피운 게 아니야.
오히려 루이제트를 두고
마리옹과 바람을 피운 거라고
봐야지. 루이제트를 먼저
알았으니까. 키스는
몇 번 했지만 그때까지 집으로
데려오질 못했었거든.
그런데 마침 기회가 찾아왔고
난 그걸 놓치지 않은 거야.

폴린

마리옹 같은 애인을 두면
다른 여자들은 생각도 안 날
텐데요!

앙리

아니, 그렇지 않아. 난 나의
욕망에 충실했던 거야.
난 그때 이미 루이제트에게
유대감을 느끼고 있었거든.

폴린

그게 무슨 소리예요?

마리옹과 더 가까운
사이였잖아요!

앙리

육체적으론 그랬겠지.
하지만 정신적으론 그러지
않았어. 적어도 '욕망'이라는
측면에선 그래. 얘기했잖니.
난 그 여잘 먼저 알았다고.
그럼 그녀에게도
일종의 권리가 있는 거지…
하지만 넌 이 얘기도
납득 못 하겠구나.

폴린

맞아요. 더 납득 안 돼요.

앙리

도대체 뭐가 그렇게
충격적인 거야?
상대가 사탕 파는 여자라서?
너도 선입견을 갖는 거니?

폴린

언니를 사랑하지 않는 게
충격적인 거예요. 상대가
마리옹이라면 피에르처럼
미칠 듯이 사랑하는 게
당연하잖아요. 적어도 피에르는
엉뚱한 여자를 고르는
사람이 아니라고요!

앙리

맞아. 하지만 그는 가망 없어.

폴린

왜요? 피에르가 당신보다
못한 건 없다고요!

앙리

넌 날 별로 안 좋아하지?

폴린은 반항적으로 앙리를 쳐다본다.
앙리가 그런 폴린을 바라본다.
폴린은 웃고 만다. 앙리가 폴린에게로
다가와 머리를 쓰다듬는다.
폴린은 거친 동작으로 그를 밀쳐낸다.

폴린

이 손 치워요!

앙리

걱정 마! 우린 5분 후면
나갈 거야!

마리옹의 집.
폴린은 집으로 돌아왔다.
마리옹이 막 도착한다. 그녀는 앙리의
편지를 읽는다.

마리옹

그 사람이 너한테는
뭐라든?

폴린

보트를 타고 떠날 거라고,
힘든 여정이라 언니는
데려갈 수 없다고.

마리옹
그래, 그랬겠지…
마리옹은 어쩔 줄 몰라 하다,
눈물을 훔친다.
…어쩌면 잘됐어.
난 작별인사 하는 거
싫어하거든.

잠시 동안 폴린은 말을 꺼낼
엄두를 내지 못하다, 갑자기 결심한 듯
침묵을 깬다.

폴린
이제 어쩔 거야?

마리옹
내가 어쩌면 좋겠니?

폴린
여기서 말이야. 언니 이제
심심할 거 아냐.

마리옹
아냐. 시골에서는
심심할 일이 없어.

폴린은 마리옹을 살피며
얼마간 더 말이 없다.

폴린
그냥 돌아갈까?

마리옹
벌써?

마리옹의 자동차가 대문을 넘는다.
폴린이 대문을 닫고 차에 올라타
마리옹의 옆자리에 앉는다.
마리옹은 바로 출발하지 않고 핸들에
팔을 얹은 채 잠시 생각에 잠긴다.
폴린은 그런 마리옹을 의아하게
바라본다.

마리옹
시동을 끄며
너에게 하고 싶은 얘기가 있어.
어제 기차에서 생각한 게
있거든. 결국 그 여자랑 실제로
무슨 일이 있었는지에 대한
증거는 전혀 없다는 생각이
들었어. 앙리가 그녀랑 같이
있어놓고 그게 실뱅이었다고
속였는지도 모르잖아.
나야 사실이 아니길 바라지만.
그렇다면 정말 끔찍한 일이지.
하지만 넌, 혹시 네게 위안이
된다면 그렇게 생각하면 되잖아.
그럼 사실이 아닐지도 모르는
일로 더는 슬퍼할 필요가
없게 되니까.

폴린
난 슬프지 않아.

마리옹
사실이 아니라고 생각해봐.
그렇게 스스로를
설득하는 거야. 그리고 나는

그 반대라고 믿을게.
그럼 우리 둘 다에게
만족스럽지 않을까?

폴린
전적으로 동감이야.

마리옹이 다시 시동을 켠다.
차가 도로로 진입한다.

●

희극과 격언 1
Comédies et proverbes 1

1판 1쇄 찍음 2020년 8월 21일
1판 1쇄 펴냄 2020년 9월 1일

글 에릭 로메르
번역 길경선
편집 김미래
그림 이규태
디자인 이기준

펴낸이 김태웅
펴낸곳
출판등록 2016년 6월 1일
제2018-000235호
주소 서울시 마포구
와우산로3길 17, 4F

goat는 종이를 별미로 삼는 염소가
차마 삼키지 못한 마지막 한 권의
책을 소개하는 마음으로,
알려지지 않은 책, 알려질 가치가 있는
책을 선별하여 펴냅니다.

jjokk-press.com   jjokkpress